La Couleur
de la mélancolie

La fréquentation
des livres
au XIVe siècle
1300–1415

Jacqueline
Cerquiglini - Toulet

La Couleur
de la mélancolie

La fréquentation
des livres
au XIVe siècle
1300 - 1415

HATIER

Ce livre, né de l'amitié, s'est écrit dans l'amitié.
Que soit remercié, au principe
et à la fin de ce travail, Michel Chaillou.
Mes remerciements également à l'Université de Genève,
en la personne du doyen de la Faculté des Lettres, Charles Méla,
à Colette Isoz et Olivier Collet.

© Hatier, Paris, 1993
Dépôt légal n⁰ 12193, mars 1993
ISSN 1152-1279
ISBN 2-218-05175-3
Recherche iconographique : Nathalie L'Hopitault
Maquette du cahier iconographique :
D.A. Graphisme - Daniel Arnault.

Escollier de Merencolye,
Des verges de Soussy batu,
Je suis a l'estude tenu,
Es derreniers jours de ma vye.

Charles d'Orléans

Claus Sluter (vers 1340/1350 - 1405/1406)
Le Prophète Jérémie, après 1396

I

Anonyme français (fin du XIVe siècle)
Armoire à livres

Anonyme français (début du XVe siècle)
Les Anglais mettent le feu à la ville de Saint-Lô

Atelier parisien (XIVe siècle)
Nicole Oresme offre son livre à Charles V
Félicité humaine

Anonyme français
(début du XVe siècle)
Jean Froissart présente ses *Chroniques*
à Edouard III, roi d'Angleterre

Anonyme français (début du XVe siècle)
Christine de Pizan à son pupitre

Atelier parisien (XIVe siècle)
Watriquet assiste à une
exécution (vers 1330)

Anonyme français
(fin du XIVe siècle - début du XVe)
Le Livre des Cent Ballades

VI

Atelier avignonnais (fin du XIVe siècle)
Gaston Phœbus et ses veneurs

Anonymes français
(deuxième moitié du XIVe siècle)
Détails de marges

Nicolas Bataille (vers 1330-vers 1405) (attribué à)
Arthur de Bretagne et trois cardinaux, vers 1385

Anonymes français
(XIVe siècle)
Scènes courtoises

IX

Anonyme français (XIVe siècle)
L'Annonciation

Pol de Limbourg (? - après 1416)
La Visitation

Maître du Remède de Fortune (actif à Paris vers 1350-1360)
Le Verger mystérieux (vers 1350-1356)
Guillaume de Machaut, *Le Dit du Lion*

Maître du Remède de Fortune (actif à Paris vers 1350-1360)
Guillaume de Machaut. La Roue de la Fortune
vers 1350-1356

Maître de l'Epître d'Othéa
(actif à Paris vers 1400-1410)
Vénus, vers 1404-1408

Maître de l'Epître d'Othéa
(actif à Paris vers 1400-1410)
Saturne, vers 1404-1408

Maître au safran. L'Aurore amène le soleil (vers 1404-1408)

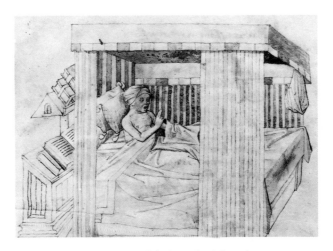

Dessin pour *Le Pèlerinage de vie humaine*
de Guillaume de Digulleville

Lu dans les yeux d'un moine

Nous sommes en 1350. Un moine bénédictin qui vient de perdre la vue, un vieillard — il a soixante-dix-huit ans — se penche sur son passé. Son nom : Gilles Li Muisis. Et lui qui n'a pas appris les lettres, qui est entré au monastère de Saint-Martin de Tournai à dix-huit ans, se met à écrire. Il nous dit ses lectures. Ce sont des auteurs du siècle précédent, les œuvres d'un moine, Le Reclus de Molliens :

> Des viers dou Renclus que diroie ?
> Que moult volentiers, se pooie,
> Les liroie trestous les jours
>
> Li *Méditations*, in *Poésies*,
> t. I, pp. 86-87[1].

(Que dirais-je des vers du Reclus ? que très volontiers, si je le pouvais, je les lirais tous les jours)

C'est aussi *Le Roman de la Rose :* « J'ay pau trouvet plus bielle chose » (J'ai rarement trouvé une chose plus belle). Ce sont des contemporains qu'il admire : Guillaume de Machaut, Philippe de Vitry, Jean de Le Mote. Gilles connaît en dehors du *Roman de la Rose* la production de la Champagne et de la Picardie.

Tableau de la littérature du temps, dressé de Tournai, en cette nouvelle année d'indulgence. Les temps sont si durs — guerre, peste,

---

1. Les indications de pages correspondent aux éditions citées dans la bibliographie, p. 169. Les traductions sont nôtres.

famines, troubles sociaux et de tous ordres — qu'il faut beaucoup se faire pardonner. L'intervalle des cent ans qui rythmait ces années jubilaires accordées par les papes se scinde. Eustache Deschamps rappelle les raisons de cette innovation : « De cinquante ans en cinquante ans a Romme. »

> Qui par avant et d'ancienneté
> Fut a cent ans, mais pour l'abregement
> De nostre aage et la fragilité,
> L'a acourcy...

Œuvres complètes,
t. VIII, ballade 1490, vv. 11-14.

(Ce qui, auparavant et de tout temps, était fixé à cent ans, à cause de l'abrègement et de la fragilité de notre vie, il [le pape] l'a raccourci...)

L'année 1300 avait vu Gilles Li Muisis sur les routes, allant en pèlerinage à Rome : « Bien le puis tiesmoignier, car là pérégrinay » (*Li estas des Papes,* in *Poésies,* t. I, p. 304). L'an 1350 est à nouveau une année de pardon.

Nous sommes en Avignon. Un poète juge les lettres françaises, un poète lauréat : François Pétrarque. On couronne beaucoup les poètes en ce siècle. A Rome, sur le Capitole ou dans les Puys du Nord, ces associations littéraires et festives qui unissent, dans les villes, jongleurs et bourgeois. Gilles Li Muisis nous le rappelle à propos d'un auteur dont on sait peu, Collart Haubert :

> Es puis l'a on la couronnet
> Ou l'estrivet capiel donnet

Li Méditations, in *Poésies,*
t. I, p. 89, vv. 16-17.

(Dans les puys on l'a couronné où on lui a donné la couronne disputée.)

Jean de Le Mote, à l'ouverture du *Regret Guillaume, comte de Hainaut,* rêve de porter l'une de ses chansons amoureuses à un puy pour la faire couronner :

> Dis k'à .i. puis le porteroie
> Pour couronner, se je pooie.

vv. 103-104.

Jean Froissart aussi verra ses chansons royales couronnées, à

Valenciennes, à Abbeville, à Lille, à Tournai. De Tournai à Avignon, il nous faut prendre la mesure de cette souveraineté de l'artiste, dérisoire, politique, dans tous les cas, poétique.

Dom Jean Leclercq écrivait en 1947 un beau livre. Il y rendait compte de la littérature monastique du XIIe siècle et intitulait son ouvrage : *L'Amour des lettres et le Désir de Dieu.*

Nous sommes au XIVe siècle, et non plus uniquement dans les milieux monastiques. Nous prêtons l'oreille au vernaculaire en français, qui s'affirme et cherche à se définir par rapport au latin et aux autres vulgaires qui s'éprouvent également comme langues nationales. L'amour des lettres, lettres latines, est devenu l'amour des livres. On goûte l'importance de l'objet et le siècle se fait bibliophile. Le désir de Dieu passe aussi par un désir de soi.

La littérature du XIVe siècle travaille sur le « second degré », dans une volonté consciente de réécriture des œuvres antérieures. Réflexion vive, insistante, pénétrante, inquiète souvent, sur l'après. Que signifie pour les hommes de l'époque ce sentiment envahissant qu'ils ont eu de venir en second, d'être seconds ?

La littérature médiévale se crée en français entre le IXe et le XIIe siècle. Même si, dans une perspective de longue durée, le XIVe siècle se trouve encore très près des origines, les poètes d'alors, et précisément à cause de cette proximité, se sont pensés comme des fils, mais des fils évoluant dans un monde devenu vieux. La contradiction est douloureuse et donne une couleur propre à cette littérature, celle de la mélancolie. Il y a eu un printemps de la littérature où tout était à inventer en français, le temps de l'exaltation joyeuse, des pionniers, le XIIe siècle. Le XIVe se vit au contraire comme l'hiver de la littérature, temps du retour sur soi, de l'enfermement, de la réflexion, de la vieillesse. C'est ce que Johan Huizinga a admirablement montré dans son *Automne du Moyen Age,* et il faudrait réfléchir sur les raisons esthétiques, philosophiques, affectives pour lesquelles nous nous tournons une fois encore, aujourd'hui, vers cette période. Un monde, pour nous jeune, se sent vieux, se perçoit comme le dernier âge de l'humanité, et cette proximité du Jugement trouve les signes :

> Les signes voy que li cours muera
> De ce monde qui approuche sa fin.

> Eustache Deschamps, *Œuvres complètes,*
> t. I, ballade 52, vv. 5-6.

(Je vois les signes qui annoncent que le cours de ce monde,
qui approche de sa fin, changera.)

Le XIIe siècle triomphant avait affirmé en latin : « Nous sommes des nains juchés sur des épaules de géants. Nous voyons ainsi davantage et plus loin qu'eux. » Image superbe de Bernard de Chartres, grand pédagogue du premier tiers du XIIe siècle, que rapporte Jean de Salisbury dans son *Metalogicon*, écrit autour de 1159. La formule dit à la fois l'humilité essentielle : « Nous sommes des nains », et un optimisme de la connaissance qui trouve un écho dans la littérature vernaculaire du temps. Dans le prologue des *Lais*, Marie de France écrit :

> Li philesophe le saveient,
> Par eux meïsmes entendeient,
> Cum plus trespassereit li tens,
> Plus serreient sutil de sens
> E plus se savreient garder
> De ceo k'i ert a trespasser.

> vv. 17-22.

(Les philosophes le savaient, ils comprenaient d'eux-mêmes que plus le temps passerait, plus les hommes auraient l'esprit subtil et plus ils prendraient garde à ce qu'il y aurait à interpréter.)

Il faut mettre en regard de cet optimisme, de cette croyance à un progrès, le rondeau de Charles d'Orléans : « Escollier de Merencolye » où le poète, enfant ridé qui se sent « vieillart devenu », est obligé de se mettre à l'école de la Mélancolie :

> Escollier de Merencolye,
> Des verges de Soussy batu,
> Je suis a l'estude tenu,
> Es derreniers jours de ma vye.

> *Poésies*, t. II, rondeau 397.

Tension douloureuse d'une époque prise dans sa contradiction d'être faite de vieux fils, de vieillards écoliers.

En perdre son latin

L'image de l'écolier « battu des verges », non pas de souci mais de grammaire, nous la trouvons au portail des cathédrales, à celui de Chartres en particulier. La grammaire c'est alors le latin, le premier des arts du *trivium* (ce socle de l'enseignement médiéval) par lequel il faut passer avant d'accéder à la logique ou dialectique et à la rhétorique. Ce latin est la langue de l'unité et de l'autorité. Unité d'une Europe des clercs, autorité de l'Eglise dans son enseignement proprement religieux, autorité du savoir de manière plus générale. Comment le français se situe-t-il sur cette carte, quelle carte a-t-il à jouer ?

Ecrire en français n'est certes pas une nouveauté au XIVe siècle mais reste un choix à valeur culturelle. Le français gagne des domaines qui jusque-là étaient le fief exclusif du latin et l'on en mesure alors l'impact politique. Le français est pensé comme langue de culture. Tel est son statut en Angleterre à l'époque, où on l'apprend au même titre que le latin. Il faut noter la façon dont on appelle alors ces manuels qui enseignent, telle une mère, le français : *feminae*.

> Liber iste vocatur femina quia sicut femina docet infan-
> tem loqui maternam sic docet iste liber iuvenes retho-
> rice loqui Gallicum.
>
> *Femina,* p. 28.
>
> (Ce livre est appelé *femina* parce que de même que la
> femme enseigne à l'enfant la langue maternelle, ainsi ce livre
> enseigne aux jeunes à bien parler le français.)

Le français en Angleterre participe des deux termes de la dichotomie : latin/vernaculaire. Il est certes une langue apprise et une langue apprise par un livre, mais ce livre joue le rôle d'une mère.

Le français s'éprouve aussi comme enjeu et instrument d'un pouvoir. A l'intérieur du royaume. Ainsi mémoire des dynasties, les *Chroniques de Saint-Denis*, d'abord écrites en latin, sont traduites en français dès 1274 sous le nom de *Grandes Chroniques,* puis, à partir de 1340, rédigées directement en français. Transfert de savoir et de pouvoir. A l'extérieur du royaume. Dans la querelle franco-anglaise qui naît à propos de la succession de Philippe IV le Bel, la maîtrise du français est en question. C'est elle, entre autres arguments, qui permet au roi anglais de justifier ses prétentions dynastiques. Enjeu d'un pouvoir entre la France et l'Angleterre, le français devient en France le moyen d'un pouvoir, l'outil d'une politique, celle de Charles V, le roi sage.

Roi sans lettres, âne couronné

Que la sagesse soit une vertu royale par excellence, la Bible l'affirme — pensons au Salomon de l'Ancien Testament — et le fait n'a jamais, au Moyen Age, été contesté. Ce qu'il est intéressant d'examiner, c'est comment la sagesse à partir du XIIe siècle s'infléchit en *sapience,* en savoir, qu'il dépend de la volonté du prince d'acquérir. Il faut partir de la formule de Jean de Salisbury dans son *Policraticus* (IV, 6) : « Rex illiteratus quasi asinus coronatus » et examiner sa fortune en français au XIVe siècle. A la demande de Charles V, l'ouvrage est traduit en 1372 par Denis Foulechat, frère mineur. Le passage se lit ainsi :

> Je me recorde que es letres que le roy des Romains
> escript au roy de France je treuve en l'une entre
> les autres, où il amonnestoit et conseilloit que il feist
> ses enfanz aprendre es ars liberaulz et en bonnes
> doctrines, que il disoit que roy qui n'est lettré
> est comme asne coroné.
>
> *Policratique*, livre IV, chap. 6, p. 65.

(Je me rappelle que dans les lettres que le roi des Romains [Conrad III] écrivit au roi de France [Louis VII], j'en trouve une parmi les autres dans laquelle il l'encourageait et lui conseillait de faire apprendre à ses enfants les arts libéraux et les bonnes doctrines car il disait qu'un roi qui n'est lettré est comme un âne couronné.)

Dans *Le Songe du Vergier,* autre ouvrage écrit en 1376 à la demande de Charles V, d'abord en latin puis en français, le chevalier, ayant longuement insisté sur la nécessité d'un roi lettré, affirme :

Un Roy sanz lattreüre est conme une nef sanz avyrons, et come oysel sanz elles.

Livre I, chap. 132, 5, p. 223.

(Un roi sans lettres est comme un bateau sans avirons, et comme un oiseau sans ailes.)

Eustache Deschamps (1346-1406), précisant la nature de ce programme d'études, proclame dans une ballade :

Roy sans lettres comme un asne seroit
S'il ne sçavoit l'escripture ou les loys,
Chascun de ly par tout se moqueroit ;
Thiès doivent savoir, latin, françoys.

T. V, ballade 1001, vv. 17-20.

(Roi sans lettres serait comme un âne s'il ne connaissait la Sainte Ecriture et les lois ; chacun partout se moquerait de lui ; les rois doivent savoir l'allemand, le latin, le français.)

Il revient sur ce conseil au refrain de la ballade 1244 (t. VI) : « Roy sanz lettre est comme asne couronné. » Christine de Pizan ponctue son enseignement aux Princes de la même formule : « Roy sans clergie est asne couronné. » Dans son *Chemin de Long Estude,* reprenant en l'amplifiant la traduction du passage de Jean de Salisbury tel qu'on le lit chez Denis Foulechat, elle écrit :

On treuve en histoires de France
Comment en lettres de creance
Le roy des Rommains une fois
Si escripst au roy des François...

vv. 5075-5078.

(On trouve dans les histoires de France comment, dans une lettre de créance, le roi des Romains écrivit une fois au roi des Français...)

et achève l'exemple :

> Puis conclut que roy non savant
> Tout son fait n'estoit que droit vent,
> Et d'autant valoit au regné
> Com feist un asne couronné.

vv. 5089-5092.

(Puis il conclut que tout le fait d'un roi ignorant n'était que du vent et qu'il comptait autant dans le royaume que l'aurait fait un âne couronné.)

Force du jeu des contraires, éloquence de l'image, la formule dit la pensée politique de l'époque. Elle est au prologue de la plupart des traductions d'*auctoritates.* Le savoir, qui permet d'éviter la tyrannie, est nécessaire à l'exercice de la fonction de gouvernement. Il y va de la pérennité des royaumes. C'est l'opinion que Christine de Pizan fait énoncer à Charles V, son modèle du roi sage, dans *Le Livre des fais et bonnes meurs* (livre III, chap. 14, p. 49). Cette pensée traverse les siècles. C'est ce livre de Christine que cite le baron d'Holbach lorsqu'en 1776 il écrit, pour soutenir Turgot, son *Ethocratie.* Au XIVe siècle, l'affirmation se retrouve, identique, dans le *Livre de Ethiques,* de Nicole Oresme (p. 99), dans l'*Archiloge Sophie* de Jacques Legrand (livre I, chap. 7, p. 43).

Le savoir a un rôle politique et c'est à une véritable politique de la langue que se consacre Charles V en commanditant des traductions en nombre considérable et en organisant la bibliothèque royale du Louvre, « belle assemblée des notables livres et belle librairie » selon la formule de Christine de Pizan (*Livre des fais,* livre III, chap. 12, p. 42).

Traduire comme on effeuille

Avec ce mouvement de traductions, on assiste en fait à une désacralisation du latin dans son rapport au savoir. Au début du XIVe siècle, le dominicain anonyme de Cysoing, près de Lille, qui traduit en français le *Ludus super Anticlaudianum* d'Adam de la Bassée, chanoine de Lille, mort en 1286, est encore obligé de justifier son entreprise. Il le fait au nom du principe de diversité. De même que l'on apprécie la diversité de la couleur des roses, du vin, du pain (noir ou blanc), la variété de l'allure des chevaux (trot, galop, amble), de même on peut savourer la sentence d'une œuvre quelle que soit la langue dans laquelle elle est écrite, « En quel langue qu'elle soit mise » (Prologue, v. 33) :

> Et pour chou ay m'entente mise
> A un poete translater
> En roumant, pour men tamps passer[1].

vv. 34-36.

(C'est la raison pour laquelle je me suis consacré à traduire en roman un *poète* — au sens qu'a le terme à l'époque : une autorité — pour occuper mon temps.)

L'argument est développé par Nicole Oresme, le grand traducteur de Charles V dans son *Livre de Ethiques d'Aristote*. Oresme place le latin dans une perspective historique et affirme qu'il a été au grec ce que le français est maintenant au latin. En d'autres termes, le latin, langue de l'autorité, du *père* symbolique, a été la langue *maternelle* des Romains : « et en ce pays, le langage commun et maternel c'estoit latin » (p. 101). On envisageait jusqu'alors les rapports du latin au français en termes de hiérarchie, à l'aide parfois des catégories du vocabulaire féodal : « Le latin est suzerain du vulgaire » selon Dante dans *Le Banquet* (*Convivio*, I, 7). Ces rapports sont analysés maintenant en termes de succession chronologique. Progrès d'une vision historique sur une vision théologique avec parfois une résistance symptomatique des érudits face à une telle désacralisation. Le Florentin Leonardo Bruni (1370-1444) soutient dans ses lettres — Michael Baxandall le rappelle dans ses *Humanistes à la découverte de la composition en peinture* (p. 17) — que « dans la Rome ancienne les gens du peuple devaient être incapables de dominer les difficultés du latin cicéronien : ils devaient parler une sorte d'italien, le latin étant une langue culturelle d'élite ». Malgré tout, penser la langue devient penser l'Histoire. On en a des exemples intéressants. Dans son *Sermon sur la Passion* prêché devant le roi Charles VI, Jean Courte-cuisse, mort évêque de Genève en 1423, se fait sensible à la langue parlée par les disciples du Christ. Il en rend compte de cette manière, un serviteur demande à Pierre :

> « Vraiement tu en est ! La parolle t'accuse ; il appert

---

1. Transcription de Marc-René Jung dans ses *Etudes sur le poème allégorique en France au Moyen Age*, p. 99.

bien que tu es de Galilée. » Tous parloient ebrieu, mais avoit entre eulz difference comme entre françois et picart.

§ 45, p. 66.

(« Vraiment, tu es de ses disciples ! Ton langage te dénonce ; on voit bien que tu es de Galilée. » Tous parlaient hébreu, mais avec entre eux des différences comme il y a entre le français et le picard.)

Jacques de Bugnin, natif de Lausanne, dans son _Congié pris du siecle seculier_ qu'il achève au monastère de Tamié, en Savoie, le 3 juillet 1480, signale que sa langue d'origine n'est pas le français mais le savoyard :

Car du dicteur la langue nutritive
Partit premier du pays de Savoye.

vv. 49-50.

(Car la langue nourricière de l'auteur tire son origine du pays de Savoie.)

« Langue nutritive », la formule est à noter. Il s'agit de la langue qui l'a nourri deux fois, selon le double sens du verbe _nourrir_ en ancien français, langue qui l'a alimenté et éduqué, comme le lait et la parole de la mère.

Celui-là ne sait rien qui ne va hors

Ce début de détachement vis-à-vis du latin permet donc à l'époque de s'intéresser aux langues. Elle en perçoit les différences, elle les note et les commente, signant peut-être une nouvelle façon de parcourir le monde, une nouvelle oreille prêtée aux pays traversés. La mention de la langue permet de recréer, même si c'est dans le domaine de la fiction, des impressions de voyage. Ainsi Jean Froissart signale que son héros Méliador, fils du duc de Cornouailles, chevauchant à travers la contrée de Northumberland, chante un rondeau : « En breton, non pas en françois » (_Meliador_, t. I, v. 7741). La pièce qui figure ensuite est donnée en français. Eustache Deschamps se plaint de devoir chevaucher en Allemagne et en Bohême où, parmi tous les problèmes qu'il rencontre — inconfort, saleté, nourriture exécrable, manières de table déplorables — se pose aussi la question de la langue, « les langaiges qu'om n'entent pas » (ballade 1311, v. 7) :

Je suis aux abais comme uns cerfs,
Et n'entens chose qu'om me die
En aleman, fors entre clers
Le latin. Or ne treuve mie
Tousjours clers ; s'ay trop dure vie,
Car la nature d'Alemans
Est, ou ilz scevent bien roumans,
Puis qu'il y ait un seul François,
Si demourroit entr'eul XX ans,
Ja n'y parleront que thioys.

T. II, pièce 1305, vv. 1-10.

(Je suis aux abois comme un cerf et ne comprends chose qu'on me dise en allemand, si ce n'est avec les clercs, le latin. Or je ne rencontre pas toujours de clercs. Je mène vraiment une vie trop dure, car la nature des Allemands est telle que, quand bien même sauraient-ils le roman, puisqu'il y a un seul Français — et demeurerait-il parmi eux vingt ans — , ils ne parleront qu'allemand.)

Eustache Deschamps n'en conclut pas moins à la nécessité du voyage comme formation : « Il ne scet rien qui ne va hors » (refrain de la ballade 1311). Guillaume de Machaut avant lui, secrétaire du roi de Bohême, Jean de Luxembourg, et l'accompagnant dans ses voyages, notait :

Car le païs m'estoit sauvage,
Et ne savoie le langage.

Le Dit de la Fonteinne amoureuse,
in *Œuvres*, t. III, vv. 149-150.

(car le pays m'était étranger et je n'en connaissais pas la langue.)

On réfléchit sur ce que représente un apprentissage linguistique, on pense en termes de comparaison des langues. Dans le *Paradis de la reine Sibylle*, Antoine de La Sale, écuyer de la maison d'Anjou, grand voyageur, qui, né autour de 1386, meurt dans les années 1461, souligne la distinction qu'il faut faire entre pouvoir comprendre une

19

langue et pouvoir la parler. Les habitants de ce Paradis, royaume merveilleux, envers du Paradis chrétien, reçoivent un don en langues. Il est gradué de la manière suivante, reprenant la temporalité propre à ce lieu de l'au-delà :

> Car celle royne et toutes celles et ceulx de leans
> scevent parler tous les languaiges du monde dès
> aussi tost qu'ilz ont leans esté par l'espace de
> III^cXXX jours ; et depuis que un y est et a passé
> IX jours, il les entent trestous ainsi que le sien
> proprement, mais n'en sçaura parler mot de nul,
> jusques au terme passé, que ceulx qu'il scet.

La Salade, p. 93.

> (Car cette reine et toutes celles et ceux de là-bas savent
> toutes les langues du monde à partir du moment où ils ont
> séjourné là-bas trois cent trente jours ; et dès que l'un s'y
> trouve et y a passé neuf jours, il les comprend toutes aussi bien
> que la sienne, mais il ne saura en parler mot d'aucune, en
> dehors de celles qu'il sait, avant que le terme ne soit échu.)

La comparaison des langues retient également. Antoine de La Sale qui s'informe de l'origine géographique des visiteurs du Paradis, rapporte ainsi les paroles de son interlocuteur :

> Mais, selon son advis, devoit estre des parties de
> Gascongne ou de Languedoc ; car lui et le plus de
> ses gens disoient *oc,* le languaige que l'en parle
> quant l'en vait a Saint Jacques. Autres enseignes ne
> m'en sceut a dire.

Ibid., p. 122.

> (Mais à son avis, il devait être de la région de Gascogne ou
> du Languedoc ; car lui et la plupart de ses gens disaient *oc,* le
> langage que l'on parle quand on va à Saint-Jacques. Il ne sut
> pas m'indiquer d'autres indices.)

La diversité des langues devient métaphore pour signifier, en poésie, d'autres complexités. Le petit cercle autour de Charles d'Orléans, ce cénacle de Blois, au milieu du xve siècle, exerce son esprit sur la notion de *truchement,* d'interprète. *Trichement* écrivent

certains manuscrits, attirant le mot, par paronomase, du côté de la
tricherie. Traduire/trahir, l'histoire de la formule est longue et suit des
chemins variés. Charles d'Orléans écrit :

> Le trucheman de ma pensee,
> Qui parle maint divers langaige,
> M'a rapporté chose sauvaige
> Que je n'ay point acoustumee.
>
> En françoys la m'a translatee,
> Comme tressouffisant et saige,
> Le trucheman [de ma pensee,
> Qui parle maint divers langaige].
>
> Quant mon cueur l'a bien escoutee,
> Il lui a dit : Vous faittes raige,
> Oncques mais n'ouy tel messaige ;
> Venez vous d'estrange contree,
> Le trucheman [de ma pensee ?]
>
> T. II, rondeau 211.

(L'interprète de ma pensée, qui parle maints langages
différents, m'a rapporté une chose étrange dont je n'ai point
l'habitude. Il me l'a traduite en français, en personne sage et
compétente, l'interprète [de ma pensée, qui parle maints
langages différents]. Après l'avoir bien écouté, mon cœur lui a
dit : Vous faites une folie, je n'ai jamais entendu un tel
message ; venez-vous d'un pays étranger, interprète [de ma
pensée ?])

Et Charles d'Orléans termine un autre rondeau par les vers :

> Et qui n'a pas langaige en lui
> Pour parler selon son désir,
> Ung truchement lui fault querir ;
> Ainsi, ou par la ou par cy,
> A trompeur [trompeur et demi].
>
> T. II, rondeau 163.

(Et celui qui ne possède pas en lui une langue pour parler
selon son désir, il doit chercher un interprète ; ainsi, ou ci, ou
là, à trompeur [trompeur et demi].)

De cette diversité, l'homme de la fin du Moyen Age tire plaisir, que ce soit sous le mode du charme ou de la répulsion, et profit. Profit : Etienne de Conty, official de Corbie, mort en 1413, ajoute dans son *Brevis Tractatus* à la liste des richesses de son pays les trois langues qui y sont le plus généralement parlées : *gallicus, flamingus, britonicus.* Plaisir car le rapport aux langues est aussi vécu en termes d'esthétique : beauté, laideur, sensualité. Le français est doux, c'est ce « doulz françois selon l'usage et la coustume de France » dont traite *La Manière de langage qui enseigne à bien parler et écrire le français,* manuel de conversation composé en Angleterre et qui date de 1396. Ce français est si doux qu'il peut bien se comparer « au parler des angels du ciel, pour la grand doulceur et biaultee d'icel », à cause de sa douceur et de sa beauté. Ce doux français, idiome illustre, pour reprendre un terme de Dante, qui subsume les différences dialectales, est la matière même de la littérature. Douceur de la mère, douceur de la France, la France dont on rêve, la « dulce France » de *La Chanson de Roland.* John Barton, autour de 1400, dans son *Donait françois,* son Donat, c'est-à-dire sa grammaire, spécifie qu'il va introduire son lecteur au « droit language du Paris et de pais la d'entour, la quelle language en Engliterre on appelle : doulce France ».

Force du latin, en contraste. Une variante du prologue de la traduction du frère de Cysoing donne à la place d' « un poete translater », « j. (un) fort livre translater », un livre latin. Christine de Pizan insiste, par révérence, sur la connaissance du latin qu'avait Charles V :

> Mais non obstant que bien entendist le latin et que ja ne fust besoing que on lui exposast...

> *Le Livre des fais et des bonnes meurs du sage roy Charles V,* III, 12, pp. 42-43.

> (Mais bien qu'il comprît bien le latin et qu'il fût inutile qu'on le lui expliquât...)

Elle avoue pourtant :

> ... pour ce que peut-estre n'avoit le latin, pour la

force[1] des termes soubtilz, si en usage comme la lengue françoise, fist de theologie translater plusieurs livres de saint Augustin.

Ibid., III, 3, p. 13.

(et, peut-être, parce qu'il n'était pas si habitué au latin — à cause de la force des termes subtils de ce dernier — qu'à la langue française, il fit traduire dans le domaine de la théologie plusieurs livres de saint Augustin.)

Ce *fort* latin, ce latin dense, difficile, ainsi que le qualifie Simon de Hesdin, religieux de l'ordre de Saint-Jean de Jérusalem qui traduit pour Charles V, vers 1375, Valère Maxime, a ses amoureux nostalgiques. Philippe de Mézières, dans *Le Songe du Vieil Pelerin*, qu'il termine en 1389, recommande à Charles VI par la bouche de Vérité de lire le plus possible en latin et en particulier la Bible :

> Et soies certains que se tu te delicteras a lire le latin, une hystoire ou enseignemens te plairont mieulx au cuer que dimie dozeime d'ystoires en françoys. Car la saincte escripture, escripte et dictee par les sains en latin et depuis translatee en françois, ne rent pas telle substance aux lisans, es ruisseaux, comme elle fait en sa propre fontayne. Quel merveille ! car il y a en la sainte escripture certains et plusieurs motz en latin qui du lisant percent le cuer en grant devocion, lesquelx translatez en françois se treuvent en vulgal sans saveur et sans delectacion.

Vol. II, pp. 223-224.

(Et sois assuré que si tu prends plaisir à lire le latin, une histoire ou un enseignement plairont mieux à ton cœur qu'une demi-douzaine d'histoires en français. Car l'Ecriture sainte, écrite et composée par les saints en latin et depuis traduite en français, ne rend pas telle substance à ceux qui la lisent dans ses ruisseaux [c'est-à-dire les langues vernaculaires] qu'elle ne le fait si on la lit à sa propre source. Quel prodige ! car il y a dans l'Ecriture sainte de nombreux mots qui

---

1. C'est nous qui soulignons.

transpercent le cœur du lecteur d'une grande dévotion, mots qui, une fois traduits en français, se trouvent dans la langue vulgaire, sans saveur et sans poids de plaisir.)

La langue, qu'elle soit latine ou française, est aussi un principe de plaisir et, quant au savoir, il arrive au XIVᵉ siècle que l'on ne perde plus uniquement son latin. « Je pierc men walesc » nous dit par deux fois Gilles Li Muisis dans ses *Poésies* (I, 222, 6 et I, 357, 11) pour dire qu'il perd son temps.

La chevauchée généalogique

A l'ouverture de son *Plait de l'Evesque et de Droit,* Jean Le Court, dit Brisebare, de Douai, réfléchit sur ces mots qu'il prête à Caton le Sage :

> ... Biaus fis,
> va as plais et as parlemens
> pour aprendre les jugemens.
>
> vv. 4-6.

(Cher fils, va aux procès et dans les salles d'audience pour apprendre les jugements.)

Il s'arrête sur la formule d'adresse et affirme que l'on peut à bon droit tenir Caton pour un père :

> Puis c'om poet pour voir maintenir
> qu'il poet bien plus d'un peres iestre :
> nous avons Dieu, le roi celiestre,
> a Pere par creation ;
> peres d'autre condition,
> si c'Adans fu et Abrehans,
> pere anciien par plenté d'ans ;
> or s'avons no pere carnel,
> et no pere spirituel
> — c'est papes, prelas u curés —
> dont mains cuers est souvent curés ;
> et s'avons pere par doctrinne.
>
> vv. 10-21.

> (Puisque l'on peut, en vérité, maintenir qu'il peut bien
> exister plus d'un père : nous avons Dieu, le Roi céleste, pour
> Père, par la Création ; nous avons pères d'autre condition, tels
> qu'Adam et Abraham, pères patriarches ; nous avons notre
> père charnel et notre père spirituel (c'est le pape, les prélats ou
> les curés) par lesquels beaucoup de cœurs sont souvent
> purifiés ; et nous avons un père en doctrine.)

Multiplicité de pères qui pose la question de l'autorité et de la soumission. Comment s'harmonisent les diverses fidélités, quelle est la place des fils ?

Les noms de Dieu

On lit dans l'épilogue de l'*Avionnet,* œuvre d'un compilateur bourguignon qui offre cette collection de fables arrangée par lui à Jeanne de Bourgogne, femme de Philippe VI (nous sommes dans les années 1339-1348) :

> Toute science vient du Pere
> De lumiere, de ce me pere.
>
> *Recueil général des Isopets,*
> t. II, p. 382, vv. 25-26.

> (Toute science vient du Père de lumière, cela est évident
> pour moi.)

C'est la position ordinaire de révérence et de soumission : toute science vient de Dieu mais, il est intéressant de le noter en ce milieu du XIVe siècle, d'un Dieu père. Les historiens de l'art nous l'apprennent en effet : à partir du XIVe siècle seulement, dans le domaine de la représentation, Dieu le Père a une figure distincte de celle du Christ. Cette figure de Dieu le Père se cristallise en prenant appui sur le passage de *Daniel* (VII, 9-13) où il est question de l'Ancien des jours. L'étude des désignations de Dieu, respectivement dans un mystère du XIIe siècle, *Le Jeu d'Adam,* et au XVe siècle, dans *Le Mystère de la Passion* d'Arnoul Gréban, confirme le phénomène. Si l'on examine les termes par lesquels Dieu est désigné dans son rapport aux créatures, on trouve dans *Le Jeu d'Adam,* pour un total de 944 vers, les occurrences suivantes : *createur* (11), *dampnedeu* (1), *roi* (3), *sire/seigneur* (19). Dans la première journée du *Mystère de la Passion* (9943 vers), l'enquête donne pour résultats : *acteur* (2), *createur* (11), *creeur* (2), *firmateur* (1), *gouvernement* (1), *juge* (24 dont 18 occurrences dans *Le Procès de Justice et de Miséricorde*), *pere* (12), *plasmateur* (2), *principe* (1), *roi* (7), *sire* (8), *souverain* (1). Alors que les termes *createur, roi, sire/seigneur* sont communs aux deux textes, on constate que le terme *pere* est propre au second. Cette apparition ainsi que sa fréquence (supérieure même à celle du mot *createur*) dénotent une sensibilité nouvelle, une appréhension affective de la relation Dieu/créature. On pense moins ce rapport en termes féodaux qu'en termes de filiation, de généalogie. On aura noté la baisse de fréquence du mot *sire* pour désigner Dieu le Père ainsi que l'utilisation exclusive du mot *dampnedeu,* Dominus Deus, Seigneur Dieu, dans *Le Jeu d'Adam.* La question du père, des pères, est à l'ordre du jour. Car il est d'autres pères dans le domaine spirituel, les pères de l'Eglise, pour ce qui est de la doctrine, les papes surtout, « no Sains-Pères » ainsi que les désigne Gilles Li Muisis lorsqu'il retrace leur histoire, pour la période qu'il a vécue, à partir du pape Célestin V :

> car des autres devant ne saroie-jou parler, pour chou
> que jou estoie uns jovenechiaus et pensoie pau à tels
> coses

T. I, p. 299.

> (car de ceux qui le précédèrent je ne saurais parler, parce
> que j'étais un jeune homme et pensais peu à de telles choses)

La question des pères spirituels au XIVe siècle se complique de la question du schisme. La multiplication des papes, dans le même temps, est signe d'excès et d'erreur. Eustache Deschamps le dit avec vigueur :

> O bilinguis, qui trovas tel cautelle,
> Trop fus emflez de malice et d'orgueil,
> Et le clergié fut de legier acueil,
> En ce faisant ; casser le voy et croistre
> Comme la noix, ou l'escaille d'une oistre.

T. VI, ballade 1204, vv. 29-33.

> (O homme à la langue double, qui trouvas une telle ruse, tu
> fus enflé à l'excès de malice et d'orgueil et le clergé fut bien
> léger en accueillant une telle chose ; je le vois se casser et se
> briser comme la noix ou la coquille d'une huître.)

Avoir deux papes, c'est n'avoir aucun pape authentique. Eustache Deschamps ponctue sa ballade de ce refrain : « Vray pappe n'est n'empereur en l'Eglise » (Il n'est pas de vrai pape ni d'empereur dans l'Eglise). Abondance de pères, non hiérarchisée, nuit.

Pères et fils. De roi en roi avec les chevaliers

Une telle abondance entache également les généalogies histo-riques. Critiquant la façon dont Barthélemi l'Anglais évoque l'histoire de l'Angleterre dans le *De proprietatibus rerum*, rédigé dans les années 1240-1260, son traducteur Jean Corbechon qui écrit la version fran-çaise pour Charles V de 1369 à 1372 précise :

> Secondement, il cuide louer ce pays et il le blasme,
> car il dit que ilz descendirent en premier des geans,
> et puis de Brut et de ceulx de Troye la Grant, et
> puis des Saxons. En disant ainsi, il les fait bastars
> en leur donnant plusieurs peres.
>
> Le Livre des proprietez des choses, f° 230c/d.

> (En deuxième lieu, il imagine louer ce pays et il le couvre de blâme, car il dit qu'ils descendirent en premier des géants et puis de Brut et des Troyens, et puis des Saxons. En disant ainsi, il en fait des bâtards en leur donnant plusieurs pères.)

Surtout, on ne peut à la fois pour Jean Corbechon, se vanter d'invasions successives (là est la bâtardise) et oublier la plus presti-gieuse d'entre elles aux yeux d'un Français, la conquête normande :

> Et ce ne fait pas a oublier, car moins de honte leur
> est de estre conquis par les Francoys ou par les
> Northmans que d'estre conquis par les Saxons ; si
> deüst avoir eu toutes ces conquestes laissees pour
> couvrir leur honte ; ou s'il le tient a honneur, il ne
> devoit pas oublier la conqueste du duc Guillaume
> dont le roy des Angloys porte les armes, avec un
> peu d'ajoustement.
>
> Ibid.

(Et cela ne doit pas être oublié, car il y a pour eux moins de honte à avoir été conquis par les Français ou par les Normands qu'à avoir été conquis par les Saxons ; il aurait dû laisser toutes ces conquêtes pour cacher la honte de son pays ; ou s'il tient cela pour un honneur, il ne devait pas oublier la conquête du duc Guillaume dont le roi des Anglais porte les armes, avec simplement quelque ajustement.)

Bâtardise des Anglais, pureté de la lignée française qui remonte à un demi-dieu, aux yeux de ce partisan qu'est Jean Corbechon. Ce dernier ajoute en effet un développement à la rapide mention de Barthélemi l'Anglais concernant l'origine des Français :

Les autres, qui ont plus veü des Croniques
de France, dient que France est ainsi appellee de
Francion, le filz de Hercules et nepveu du roy
Priant, lequel Francion aprés la destruccion
de Troyes la Grant se parti de son pays a grant
compaignie de nobles gens de son lignage et
d'autre, et vint par deça. Et de son nom fut
appellee France, si comme dient maistre Hue de
Saint Victor et maistre Hue de Cligny
et plusieurs autres authentiques croniqueres.

Ibid., f° 237c.

(Les autres, qui ont examiné plus à fond les Chroniques de France, disent que la France est ainsi appelée du nom de Francion, le fils d'Hercule [en réalité d'Hector] et neveu [petit-fils] du roi Priam. Ce Francion après la destruction de Troie la Grande quitta son pays avec une grande compagnie de gens nobles de son lignage et d'autres lignages, et vint de ce côté-ci. Et la France fut appelée de son nom ainsi que le disent Maître Hugues de Saint Victor et Maître Hugues de Cluny et plusieurs autres chroniqueurs authentiques.)

Pères historiques et lointains. Pères temporels. Pour des raisons religieuses et culturelles, la paternité est un modèle de pensée au Moyen Age. Il nous faut donc être sensibles aux couples de fils et pères qui occupent l'espace politique et littéraire au xive siècle. Du côté des princes, des grands seigneurs et du roi de France, tout d'abord.

La légende des siècles a enregistré dans nos mémoires, par le biais des livres d'histoire de notre enfance, une image royale de père et de fils : Jean le Bon et ses fils à la bataille de Poitiers (1356). La scène est, chez Michelet, superbe. Nous avons tous dans l'oreille le mot rapporté par le chroniqueur italien Villani, ou plutôt son continuateur, le « Père, gardez-vous à droite, gardez-vous à gauche » de Philippe, le plus jeune des fils, âgé de quatorze ans. Son attitude, dit-on, lui valut le surnom de Hardi et l'apanage de la Bourgogne. Sur ordre du roi, les trois autres fils s'étaient retirés du champ de bataille. Par son absence dans ce moment final du combat, par la captivité de son père en Angleterre, le Dauphin, le futur Charles V, n'aura pas la possibilité d'être un fils. Il doit gouverner et il gouverne non pas sous le signe de la jeunesse mais de la vieillesse. Selon la formule de Jules Michelet, « le jeune roi était né vieux », en accord en cela avec tout le siècle. Il meurt en figure de patriarche d'après Christine de Pizan :

> En approchant le terme de la fin, en la maniere des
> Peres patriarches du viel Testament, fist amener
> devant lui son filz ainsné, le dauphin.
>
> *Le Livre des fais et bonnes meurs,*
> t. II, p. 190.

> (Approchant du terme de la fin, à la manière des Pères patriarches de l'Ancien Testament, il fit amener devant lui son fils aîné, le Dauphin.)

Nous sommes en 1380. Le roi a quarante-deux ans. Si Charles V n'avait pas eu le temps ou le goût d'être un fils, son fils ne sera jamais qu'un fils. L'image paternelle laissée par Charles V était lourde à porter, et la folie, présente dès 1392 — Charles VI a vingt-quatre ans — maintient le jeune roi dans une sempiternelle enfance, dans une perpétuelle dépendance.

Un autre couple nous importe, celui qui unit Jean de Luxembourg, « le bon roi de Behaingne » (c'est-à-dire de Bohême), grand-père maternel de Charles V, à son fils, né de son second mariage, Wenceslas de Brabant. Tous deux sont en effet pour les écrivains du XIVe siècle des figures de mécènes exemplaires. Guillaume de Machaut a été successivement, depuis 1323 environ, où il rentre à son service, le « clerc aumônier », le « notaire », puis le « secrétaire » de Jean de Luxembourg. Rappelant ce temps dans *La Prise d'Alexandrie,* il proclame fièrement :

> Je fu ses clers, ans plus de XXX,
> Si congnu ses meurs et s'entente,

S'onneur, son bien, sa gentillesse,
Son hardement et sa largesse,
Car j'estoie ses secretaires
En trestous ses plus gros affaires.

vv. 785-790.

(Je fus son clerc pendant plus de trente ans. Je connus ses mœurs et ses pensées, son honneur, son bien, sa noblesse, sa hardiesse et sa générosité, car j'étais son secrétaire dans toutes ses affaires les plus importantes.)

Guillaume l'accompagne dans ses voyages et ses expéditions, parcourant ainsi l'Europe. Ses dits nous livrent un témoignage fourni et chaleureux de son admiration pour le roi Jean. Recours dans *Le Jugement dou Roy de Behaingne*, Jean de Luxembourg est cité comme un modèle à Charles de Navarre dans *Le Confort d'Ami*. Il est encore évoqué dans *La Fonteinne amoureuse* et *La Prise d'Alexandrie*. Guillaume loue sa vaillance et sa largesse, qualités éminemment chevaleresques :

Il donnoit fiez, joiaus et terre,
Or, argent ; riens ne retenoit
Fors l'onneur.

Le Confort d'Ami, in *Œuvres*,
t. III, vv. 2930-2932.

(Il donnait fiefs, joyaux, terre, or et argent ; il ne gardait rien que l'honneur.)

En 1346, Jean de Luxembourg meurt à Crécy, de façon héroïque et théâtrale : aveugle, il se jette dans la bataille, son cheval attaché à ceux d'Henri Le Moine de Bâle et Henri de Klingenberg, deux de ses chevaliers. Cette mort marque aux yeux des écrivains la fin d'un monde. Jean Froissart l'évoque en 1372 dans *La Prison amoureuse*. Jean de Luxembourg a su faire d'une infirmité traumatisante et dégradante pour un homme du Moyen Age, l'emblème de son courage, un courage *aveugle*. Il devient le prince idéal et disparu. On renvoie au temps du bon roi de Bohême. Ainsi Eustache Deschamps dans son *Lay de Plour*, pour ce qui est en particulier de la vaillance :

Au temps de ce vaillant Roy
Joustes, festes et tournoy
Et toute vie joyeuse
Estoient en grant arroy,
Amour, deduit, esbanoy
Et toute loy amoureuse ;
Vaillance estoit vertueuse,
Nul n'osast faire desroy.
Helas ! autrement perçoy
La chose trop perilleuse.

Œuvres complètes,
t. II, p. 312, vv. 197-206.

(Au temps de ce vaillant roi, joutes, fêtes, tournois et toute forme de vie joyeuse étaient à l'honneur, l'amour, le plaisir, les réjouissances et toute loi amoureuse ; vaillance était vertueuse, nul n'aurait osé sortir du droit chemin. Hélas, je perçois autrement la chose très périlleuse.)

Jean Froissart, qui ne connaît Jean de Bohême qu'à travers Machaut — il l'appelle « Karle, le roi de Behagne », du nom de son fils aîné — le cite au début de *La Prison amoureuse* pour ce qui est de la largesse : « qui faire a tous largece ensagne » (qui enseigne à tous à pratiquer la largesse). Il précise bien d'ailleurs :

Li bons rois que je nomme chi,
C'est chils qui remest a Crechi,
Qui tant fu larges et courtois
Que, de Prusse jusqu'en Artois,
Non, jusques en Constantinnoble,
N'i eut plus large ne plus noble.

vv. 65-70.

(Le bon roi que je nomme ici, c'est celui qui mourut à Crécy, qui était si généreux et si courtois que, de Prusse jusqu'en Artois, non, jusqu'à Constantinople, il n'y en eut de plus généreux ni de plus noble.)

Jean de Luxembourg est un preux, un nouvel Alexandre et un nouvel Hector. C'est ainsi que Guillaume de Machaut le présente dans *Le Jugement dou Roy de Behaingne,* en le proposant pour juge du débat :

Car de largesse
Passe Alixandre et Hector de prouesse.

Œuvres, t. I, vv. 1296-1297.

(Car il dépasse Alexandre en largesse et Hector en prouesse.)

Sa figure idéalisée court à travers le XIVe siècle comme une référence et un modèle nostalgiques. Signe du temps, la nostalgie se met à fonctionner presque sur-le-champ.

Le fils aîné de Jean, Charles, qui devient empereur d'Allemagne sous le nom de Charles IV, est un écrivain. Il rédige en latin son autobiographie : *Vita Karoli.* Il est admiré de Pétrarque qui l'invite au début des années 1350 à résider à Rome comme empereur. Le fils du second mariage, Wenceslas de Brabant, est donné pour poète par Jean Froissart, son protégé, qui le présente avec le même enthousiasme qu'il avait mis à évoquer son père. On lit dans *Le Dit dou Florin* :

Car uns princes fu amourous,
Gracious et chevalerous

Dits et Débats,
p. 184, vv. 305-306.

et dans les *Chroniques* :

En ce temps trespassa de cest siècle, en la duchié de Lucembourcq, li jolis et gentils duc Wincelins de Boesme, dus de Lucembourch et de Braibant, qui fu en son temps nobles, jolis, frisques, sages, armerès et amoureux.

T. XI, p. 155.

(En ce temps disparut du monde dans le duché de Luxembourg, le gai et bien né duc Wenceslas de Bohême, duc de Luxembourg et de Brabant, qui fut de son vivant, noble, gai, vif, sage, passionné d'armes et d'amour.)

Mais sa fin est moins glorieuse que celle de Jean. Il meurt lépreux en 1383.

Un troisième couple princier de père et de fils retient l'attention des chroniqueurs et des hommes de lettres par le drame qui se joue entre eux, l'assassinat par Gaston Phœbus, comte de Foix, de Gaston, son fils légitime. C'est devant ce prince que Jean Froissart lit son _Meliador,_ roman où il enchâsse la production lyrique de Wenceslas de Brabant. Phœbus est un écrivain également, auteur d'un très célèbre traité de chasse. Le drame est magnifiquement évoqué par Jean Froissart qui, tout au long de son voyage en Béarn, cherche à s'informer sur la mort mystérieuse du jeune Gaston. Son compagnon de route, Espang de Lyon, lui refuse le récit qu'il obtient finalement d' « ung escuier ancien et homme moult notable » dont il tait le nom (_Chroniques,_ t. XII, p. 79.) Le fils légitime de Gaston Phœbus meurt en 1380, saigné à la veine du cou par son père chasseur qui le soupçonnait de vouloir l'empoisonner. Son fils bâtard, Yvain, meurt brûlé vif, alors que, déguisé en homme sauvage, il contrefaisait le loup dans une fête de noces, le mardi 28 janvier 1393, connue dans l'Histoire sous le nom de bal des Ardents. Etranges destins où la sauvagerie, les forces obscures côtoient les manières de cour.

La littérature offre quelques couples de pères et de fils écrivains. Le phénomène est nouveau et intéressant. Certes, pour cette époque encore, nous sommes beaucoup moins bien renseignés en matière biographique sur les poètes que sur les princes. Aussi n'est-ce pas dans des documents d'archives que nous avons mention de ces filiations mais chez les poètes eux-mêmes. Une tentation auto-biographique, un désir de soi, se fait jour en français au xIVe siècle qui trouve, dans ces aveux, l'une de ses manifestations. La filiation charnelle des lettres signe, par ailleurs, le fait que l'écriture n'est plus seulement aux mains de moines, de religieux. Elle manifeste la parenté qu'a pendant un temps l'écriture avec un métier, comme dans ces familles d'artistes où l'on est peintre de père en fils, dans des traditions d'atelier. La filiation charnelle d'écrivains met l'accent sur l'un des pôles de la création littéraire au xIVe siècle : l'écriture comme artisanat. Ainsi Jean de Condé confie dans _Le Dit dou Levrier :_

> Fius fui Bauduin de Condé,
> S'est bien raisons k'en moi apere
> Aucune teche de mon pere
> Et un petitet de son sens.
>
> _Dits et Contes_, t. II, p. 304,
> vv. 40-43.

> (Je suis le fils de Baudoin de Condé. Il est bien juste qu'en
> moi apparaissent certaines des qualités de mon père et un
> petit peu de son esprit.)

Un fils se doit de ressembler à son père. La mention d'un père
ménestrel est pour le fils un moyen subtil d'asseoir sa renommée par
le biais de ce qui se donne comme un *topos*, une formule obligée de
modestie.

Un autre exemple est celui de Thomas de Pizan et de sa fille,
Christine. Christine de Pizan invoque sa filiation paternelle alors
qu'elle révoque sa filiation maternelle charnelle au profit d'une
filiation allégorique. Elle insiste sur ce point dans *Le Livre de la
Mutacion de Fortune*. Elle est le *fils* de Thomas (tous les manuscrits
s'accordent sur cette leçon) et la *fille* de Nature :

> Filz de noble homme et renommé
> Fus, qui philosophe ert nommé.
>
> T. I, vv. 171-172.

> (Je suis le fils d'un homme noble et renommé, qui était
> appelé philosophe.)

Mais la puissance de sa mère allégorique, Nature « royne couron-
nee », l'a fait naître fille. La succession au savoir de son père,
l'héritage, en sera pour elle compliquée :

> ... et succeder
> Ne poz a l'avoir qui est pris
> En la fonteine de grant pris,
> Plus par coustume que par droit.
>
> vv. 416-419.

> (et je ne pus succéder à l'avoir qui est pris dans la fontaine
> de prix, plus pour une raison de coutume que pour une raison
> de droit.)

Cette coutume s'incarne pour Christine de Pizan dans sa mère
charnelle, en opposition à son père qui représente le droit. Christine
place ainsi cette remarque dans la bouche de Droiture, précisément,
dans *Le Livre de la Cité des Dames* :

> Ton pere, qui fu grant naturien et phillosophe,
> n'oppinoit pas que femmes vaulsissent pis par
> science apprendre, ains de ce qu'encline te veoit aux
> lettres, si que tu sces, grant plaisir y prenoit. Mais

l'oppinion femenine de ta mere, qui te vouloit
occupper en fillasses selonc l'usaige commun des
femmes, fu cause de l'empeschement que ne fus en
ton enffance plus avant boutee es sciences et plus
en parfont.

Livre II, chap. 36, p. 875.

(Ton père, qui était un grand savant et un philosophe,
n'était pas de l'avis que les femmes devinssent plus mauvaises
par l'étude ; au contraire, parce qu'il te voyait avoir du goût
pour les lettres, ainsi que tu le sais bien, il y prenait grand
plaisir. Mais l'opinion féminine de ta mère qui te voulait
occuper à la quenouille selon l'usage ordinaire des femmes fut
la raison pour laquelle, dans ton enfance, tu ne fus pas
poussée plus avant dans l'étude des sciences.)

Si la filiation peut rendre savante (c'est le cas de Christine de
Pizan), la paternité est susceptible de faire accéder à l'écriture. De
manière ponctuelle, comme chez Eustache Deschamps où les pièces
de requête montent du fils au père (t. VIII, ballades 1433 et 1480) et
du père au pape :

Tressaint pere, n'oublicz mie
Gillet mon filz, qu'il n'ait sa place
D'obtenir quelque chanonnie :
Vueillez lui faire vostre grace.

T. V, ballade 1038, envoi.

(Très Saint Père, n'oubliez pas Gillet, mon fils, de telle sorte
qu'il puisse obtenir quelque canonicat. Veuillez lui accorder
votre grâce.)

De manière plus fondamentale chez le Chevalier de La Tour
Landry qui se met à l'ouvrage « l'an mil trois cens soixante et onze ».
Dans sa jeunesse, Amour l'avait rendu poète :

car en cellui temps je faisoye chançons, laiz et
rondeaux, balades et virelayz, et chans nouveaux,
le mieulx que je savoye.

Le Livre du Chevalier de La Tour Landry pour
l'enseignement de ses filles, prologue, p. 2.

(car en ce temps-là, je faisais des chansons, des lais, des rondeaux, des ballades et des virelais, et des chants nouveaux, le mieux que je savais.)

Mais la dame est morte et le chevalier triste et pensif. La destinée humaine individuelle mime l'évolution de la lyrique courtoise, depuis le chant d'amour des XIIe et XIIIe siècles, placé sous le signe d'Espérance, à la plainte douloureuse et au didactisme qui suivent la mort de la dame. C'est la stance des poètes après Dante. Dans le cas du Chevalier de La Tour Landry, on n'écrit plus pour la dame mais pour les filles que l'on a eues. On ne chante plus, on enseigne :

> Je me pensay que je feroye un livret, où je escrire
> feroye les bonnes meurs des bonnes dames et leurs
> biens faiz, à la fin de y prendre bon exemple et
> belle contenance et bonne manière...
> Je leur feroye un livret pour aprendre à roumancer,
> affin que elles peussent aprendre et estudier, et
> veoir et le bien et le mal qui passé est, pour elles
> garder de cellui temps qui à venir est.
>
> Ibid., prologue, pp. 3-4.

> (Je pensais en moi-même que je ferais un petit livre où je ferais écrire les bonnes mœurs des bonnes dames et leurs belles actions, afin qu'on puisse y prendre bon exemple et belle contenance et bonne manière... Je leur [ses filles] ferais un petit livre pour qu'elles apprennent à lire en français afin qu'elles puissent apprendre et étudier et voir le bien et le mal qui est passé, pour qu'elles se gardent du temps à venir.)

On réfléchit sur les exemples de fils et de pères. Sagesse parfois banale mais qu'il est intéressant de voir mise en œuvre. Tirant les conclusions de l'exemple de Rebecca et de ses deux fils, le Chevalier de La Tour Landry affirme :

> Et ainsi ne sont pas les enffans d'un père et d'une
> mère d'une manière ; car les uns aiment un mestier
> et une manière de œuvre et les autres une autre.
>
> Ibid., chap. 83, p. 164.

> (Et ainsi les enfants d'un père et d'une mère ne sont pas tous semblables : car les uns aiment une besogne et une occupation et les autres en aiment une autre.)

On rappelle l'importance de la pureté des lignages :

> car les enfants qui sont mal engendrez et qui ne
> sont de loyal mariage, ce sont ceulx par qui sont les
> guerres et par qui les ancesseurs sont perduz.

Ibid., chap. 57, pp. 118-119.

> (car les enfants qui sont mal engendrés et qui ne sont pas
> d'un loyal mariage sont ceux par qui les guerres arrivent et par
> qui les ancêtres sont perdus.)

La pensée est morale et politique. La bâtardise explique la tyrannie, la force primant alors une légitimité naturelle. C'est ainsi que la France des XIVe et XVe siècles voit l'Italie, et en particulier le gouvernement de Milan par les Visconti :

> Mais ilz ne font point grant differance en Italie d'ung
> enfant bastard à ung legitime.

> (Mais ils ne font pas de grande différence en Italie entre un
> enfant bâtard et un légitime.)

remarque Philippe de Commynes dans ses *Mémoires* (t. III, p. 15). La question des pères, spirituels et charnels, pose en effet celle de l'autorité et de l'héritage. Pour ce qui est du domaine littéraire, avec quels antécédents, quelle culture, écrit-on alors ?

Ecrivain ou copiste, clerc ou ménestrel ? Naissance d'un art

Des pères charnels aux pères symboliques, il y a souvent transfert d'autorité. Ces pères symboliques peuvent être, pour l'écrivain du XIVe siècle, ceux pour qui il écrit — les mécènes, la dame, les amis — ou ceux par qui il écrit : les *auctoritates,* les prédécesseurs, les modèles. Comment l'écrivain se situe-t-il par rapport à ces différents « avant », et comment se nomme-t-il ?

Un mot est prohibé : créateur. L'interdit est religieux. Seul Dieu crée. Un mot est ambigu : écrivain. Il désigne certes celui qui écrit, mais avant tout celui qui écrit matériellement : le copiste. Le sens moderne d'auteur se dégage chez Jean de Meun dans *Le Roman de la Rose* au XIIIe siècle. Les contextes sont intéressants. Les écrivains sont Platon, Aristote, les grands mathématiciens grecs et arabes, mais leur *angin* (l'esprit, l'intelligence) serait *vain*, impuissant à décrire Nature. La rime *escrivain/vain* (t. II, vv. 16143-16144) est significative. Mais cela pourrait être aussi le singe si l'animal avait été doué de la parole et de la raison :

et porroient estre escrivain.
Il ne seroient ja si vain
que tretuit ne s'asoutillassent...

vv. 17805-17807.

(ils pourraient être écrivains. Ils ne seraient pas si bêtes que
tous ne se fassent subtils...)

Escrivain apparaît enfin dans le message de Genius, quand ce personnage du *Roman de la Rose* met en parallèle l'activité matérielle d'écriture et celle de la génération (v. 19605).

Ecrire, au XIVe siècle, se situe en fait entre deux pôles : la souveraineté totale de l'artiste, refusée, d'une part, l'artisanat concret, le travail de la main, activité du scribe, dépassée, de l'autre. Ces orientations se définissent par des valeurs pour lesquelles s'ouvre une longue carrière littéraire, dans leur opposition : le labeur et l'inspiration ; l'humilité de l'artisan, l'orgueil de l'artiste. A l'un de ces pôles, le ménestrel ; à l'autre, celui qui va conquérir en français le titre de poète.

Le ménestrel est l'avatar moderne du jongleur. Mais l'étymologie de son nom l'indique, il a maintenant un ministère, il est attaché à un seigneur, à une maison, à un prince ou, nouveauté de l'époque, à un grand marchand. Il en va ainsi de Jean de Condé, lié à la personne du bon comte Guillaume de Hainaut, dont il déplore la mort et pleure la générosité :

Jehans de Condet, qui estoit
De son maisnage et qui viestoit
Des robes de ses escuyers ;
Li gentieus quens des Hainnuiers
Lui a dou sien douné maint don.

Li Dis dou Boin Conte Willaume,
in *Dits et Contes,*
t. II, p. 295, vv. 165 169.

(Jean de Condé, qui faisait partie de sa maison et portait le
vêtement de ses écuyers ; le noble comte des Hennuyers lui a
fait beaucoup de dons sur son avoir propre.)

Il appelle ce mécène sans égal « le père des ménestrels ». Tel est le cas également de Jean de Le Mote qui écrit la déploration funèbre du même Guillaume (*Li Regret Guillaume, comte de Hainaut,* 1339) pour la fille du défunt, la reine d'Angleterre, Philippa de Hainaut, qui sera la protectrice du jeune Jean Froissart. Un an plus tard, Jean de Le Mote est protégé par un grand bourgeois de Paris, l'orfèvre du roi de France : Simon de Lille. Il écrit pour ce dernier deux ouvrages : *Le Parfait du Paon* et *La Voie d'Enfer et de Paradis,* la même année 1340. *Le Parfait du Paon* — c'est le sens du titre — parfait, parachève le récit commencé par Jacques de Longuyon : *Les Vœux du Paon,* récit continué par Jean le Court, dit Brisebare, dans son *Restor du Paon* et qui porte sur la légende d'Alexandre le Grand. On y voit un Alexandre participant, à l'occasion d'une trêve, à un concours de ballades et remportant le second prix, derrière une dame, une dame de roman, Clarete, la fille du roi de Mélide. Telle est l'épopée au XIVe siècle, vue des puys du Nord. La mise en scène de la vie littéraire y prend le pas sur la guerre. Dans ce texte, Jean de Le Mote nomme à plusieurs reprises son mécène et présente ainsi sa condition :

> Li boins Symons de Lille — ou Dix face garant ! —
> N'est pas de ciex moqueurs comme j'ai dit devant.
> Anchois ainme le fait — bien est apparissant —
> Quant il me livre vivre, chambre et clerc escrisant
> Pour faire li biax dis ; d'el ne le vois servant.
>
> *Le Parfait du Paon,* laisse 50, vv. 1453-1457.

(Le bon Simon de Lille, que Dieu protège, n'est pas de ces moqueurs dont j'ai parlé auparavant. Il aime au contraire la poésie comme le montre bien le fait qu'il me donne le vivre et le couvert et un clerc qui écrit, pour que je puisse faire de belles compositions ; je ne le sers en rien d'autre.)

L'orgueil de Jean de Le Mote est patent face à sa fonction qui se spécialise. Il ne copie pas, il compose, il fait. C'est un *faiseur*, « et des milleurs faiseurs tenus » dit de lui Gilles Li Muisis dans ses *Méditations* (*Poésies*, t. I, p. 89, v. 9). Il avoue alors deux pères, le père céleste : Dieu, et ce père terrestre qui le reconnaît : Simon de Lille. Ainsi s'ouvre *La Voie d'Enfer et de Paradis* :

> Che libre fay premierement
> Ou nom du Roi du firmament, [...]
> Et puis, en la mondaine vie
> Le fais, car desirs m'en maistrie,
> Pour l'onneur et la courtoisie

> D'un bourgeois, douls et reverent
> Qui mes maistres est, quoi c'on die,
> Symon de Lille.
>
> Strophe 3, vv. 25-26 et 30-35.
>
> (Je fais ce livre premièrement au nom du Roi du ciel, [...]. Et puis je le fais, pour ce qui est de la vie terrestre, car j'en ai le désir, pour l'honneur et la courtoisie d'un bourgeois, doux et vénérable, qui est mon maître, quoi qu'on en dise : Simon de Lille.)

Jean de Le Mote a, pour sa subsistance, le statut d'un ménestrel (il habite chez Simon de Lille qui le nourrit) ; il a, par sa fonction spécifique et son orgueil naissant, le statut d'un poète. « Poète », Eustache Deschamps semble être le premier à appliquer ce terme à un auteur écrivant en français. Il désigne ainsi son maître, son père symbolique, Guillaume de Machaut. On note la nécessité de la glose, le mot « faiseur », le doublet synonymique signalant un emploi remarquable de *poete* :

> Noble poete et faiseur renommé
> Plus qu'Ovide vray remede d'amours,
> Qui m'a nourry et fait maintes douçours.
>
> T. III, ballade 447, vv. 3-5.
>
> (Noble poète et écrivain de renom, plus qu'Ovide véritable remède d'amour[1] qui m'a élevé et fait maintes douceurs.)

Les Règles anonymes de la Seconde Rhétorique, règles de versification, présentent en effet Eustache Morel (Eustache Deschamps) comme le « nepveux de maistre Guillaume de Machault » (p. 14). On connaît le large spectre de significations de ce mot en latin et en ancien français. *Les Règles* énoncent moins une parenté qu'une filiation symbolique. Machaut est le maître en poésie de la génération qui écrit dans le dernier quart du xive siècle. Il s'est voulu tel. Il a proposé des modèles ; ainsi pour les formes lyriques dans *Le Remede de Fortune*, un échantillon caractéristique : sept pièces mises en musique, sept comme les sept jours de la semaine, les sept planètes, image de l'harmonie ; de la plus compliquée, le lai, à la plus simple, en

---

1. Eustache Deschamps fait allusion aux *Remedia amoris* d'Ovide, antidote de son *Art d'aimer.*

apparence, le rondeau. Le choix s'ouvre et se ferme sur des formes cycliques. Dans le lai, en effet, la première et la dernière strophe sont construites sur un schéma de rimes et de mètres identiques ; dans le rondeau, le refrain initial revient, à la fin, dessinant un cercle. Nouvelle image de l'harmonie. Présentation calculée qui cache son didactisme dans le chant de l'amour. Guillaume de Machaut a réfléchi sur sa création en actes. Une œuvre comme le *Voir Dit* le prouve. Dans le prologue dont il fait précéder un recueil de ses œuvres complètes, le poète offre même un corps de doctrine, le premier art poétique français. Il en règle l'ordonnance. C'est la formule célèbre que l'on trouve à l'ouverture du manuscrit de la Bibliothèque nationale de Paris (fonds français 1584) : « Vesci l'ordenance que Guillaume de Machaut wet qu'il ait en son livre. »

Qu'Eustache Deschamps reconnaisse en Guillaume de Machaut une figure de maître, de père exemplaire, d'autorité, deux signes en portent témoignage : le titre de *poete,* titre de gloire qu'il lui accorde, la double ballade également qu'il consacre à la déploration de sa mort sur le refrain, commun aux deux textes : « La mort Machaut, le noble rethorique » (ballades 123-124, pp. 243-246). La déploration funèbre en poésie, jusqu'au XIVe siècle, porte en général sur un noble, un héros guerrier, un grand seigneur. On trouve peut-être une exception en provençal avec le *planh* (la plainte) que Giraut de Bornelh réserve à Raimbaut d'Orange (pièce 76). Mais Raimbaut est à la fois prince et poète. Il semble donc bien que, là encore, Eustache Deschamps innove. Il offre pour la première fois en français la déploration d'un poète par un poète. Et il faut attendre 1466, date à laquelle Simon Gréban donne sa *Complaincte de la mort de maistre Jacques Millet qui composa la Destruction de Troye* pour que fleurisse, comme un genre, la plainte funèbre d'un artiste par un autre. Le faisceau de traits est significatif.

Dans le champ qui se déploie du ménestrel au poète (qui n'atteint d'ailleurs ce statut que par une reconnaissance de ses fils, de la postérité), quelles sont les places sociales ? Les termes sont multiples, qui désignent l'auteur : *dicteur* (non pas celui qui dicte, mais celui qui compose), *acteur, facteur, faitistre, collecteur, versifieur, reciteur ;* les emplois, divers : secrétaire d'un prince, fonctionnaire royal, homme d'église. On parlera commodément, pour cette figure de l'auteur, de clerc-écrivain. De ce clerc au ménestrel, les différences sont à situer dans deux domaines fondamentaux : le rapport au livre, en amont, et en aval, dans sa lecture et dans sa production, le lien de dépendance aux mécènes.

A la différence du ménestrel, le clerc-écrivain ne tire pas uniquement sa subsistance d'un seul protecteur. Il a une fonction : bailli (comme Eustache Deschamps) ou des canonicats (comme Guillaume de Machaut, Jean Froissart). Il multiplie les protecteurs, non plus simplement diachroniquement (l'un remplaçant l'autre disparu) mais synchroniquement. Guillaume de Machaut écrit à sa dame dans le *Voir Dit* parlant de son *livre*, recueil de toutes ses œuvres :

> Mais il est en plus de XX. pieces ; car je l'ay fait
> faire pour aucun de mes seigneurs.
> *Le Livre du Voir Dit,* lettre X de l'amant, p. 69.
>
> (Mais il est en plus de vingt parties, car je l'ai fait faire pour
> un de mes seigneurs.)

Le conflit d'allégeance propre au clerc amoureux, que Machaut avait éliminé en faisant de sa dame son seigneur, revient en force dans la seconde partie du texte, signant l'impossibilité de cet amour sous le regard des grands. Christine de Pizan multiplie aussi les protecteurs trouvant par cette stratégie une liberté politique et une plus-value économique. L'œuvre gagne en prix si l'écrivain est diversement sollicité. Et Christine souligne toutes les offres qu'on lui fait en Angleterre, en Italie. De plus en plus le clerc-écrivain gère sa production comme on gère un négoce. L'image affleure chez beaucoup, elle éclate chez Jean Froissart. Il faut être *pourveü* de poésies pour pouvoir, sur-le-champ, répondre à la commande. Dans *La Prison amoureuse*, le poète, désigné emblématiquement sous le nom de Flos, écrit à son mécène Wenceslas de Brabant, Rose, dans le texte :

> Rose, tres chiers compains et grans amis, vous
> m'avés escript que aucun dittié nouvellement fet et
> ordonné je vous vosisse envoiier. Sachiés que au
> jour que vostres lettres me vinrent, je n'en estoie
> point pourveüs.
> Lettre VI de Flos, p. 103.
>
> (Rose, très cher compagnon et grand ami, vous m'avez écrit
> que je vous veuille envoyer une pièce nouvellement faite et

composée. Sachez que le jour où votre lettre m'est parvenue, je n'en avais pas en ma possession.)

ou encore :

> Je vous envoie trois balades faites assés
> nouvellement, en l'absence d'un lay, car je
> n'en sui pas pourveüs tant qu'en present.
>
> Lettre IX de Flos, p. 155.

> (Je vous envoie trois ballades faites bien nouvellement, en l'absence d'un lai, car je n'en suis pas pourvu [je n'en ai pas en réserve] pour le moment.)

L'écriture, qui a sur l'oral l'avantage de pouvoir conserver des énoncés, permet à ces poètes de résoudre l'une des contradictions nées du conflit de leur esthétique et de leur condition. Ces auteurs, en effet, veulent écrire de *sentement*, c'est-à-dire en accord avec une expérience, avec du ressenti, tout en répondant en même temps à des commandes. Seule l'écriture, et le jeu avec le différé qu'elle autorise, leur permet d'honorer cette double exigence. Aussi, quand ils se trouvent face à la contradiction de devoir chanter quand ils voudraient pleurer, ces poètes recourent-ils, pour désigner leur condition, à l'image du ménestrel. Par deux fois dans le *Voir Dit*, Guillaume de Machaut adapte le proverbe :

> Tel fois chante li menestriers que c'est de touz li
> plus courreciés
>
> *Proverbes français antérieurs au XVe siècle*, n° 2315.

> (Parfois chante le ménestrel alors qu'il est le plus malheureux de tous.)

Pour signaler la tension qui préside à son écriture, avant qu'elle ne s'éteigne faute d'être alimentée par l'amour de sa dame, le poète écrit à cette dernière :

> ... et ressemble le menestrel qui chante en place et n'y a plus courrecié de lui.
>
> *Voir Dit*, lettre XXXI de l'amant, p. 241.

Il revient sur cette image dans la lettre XXXV (p. 263) :

> Mais je ressemble le menestrel qui chante telle foi en la place, et il n'y a plus dolent de lui.

On connaît la solution de Jean Froissart : mettre en réserve au moment de l'expérience en composant « à chaud » et réactualiser ensuite. Il écrit dans *La Prison amoureuse :*

> Jusques a trois balades fis,
> Selonc le matere et l'avis
> Que j'avoie lors pour le tamps
> Et dou quel je sui bien sentans.
>
> vv. 2030-2033.

(Je fis jusqu'à trois ballades en accord avec la matière et les impressions que je ressentais alors.)

Ces ballades, le poète les met en sûreté dans un coffre :

> A fin que, quant je les voloie
> Envoiier, donner ou proumettre,
> Tost peüisse sus le main mettre.
>
> vv. 2119-2121.

(Afin que, quand je voulais les envoyer, les donner ou les promettre, je pusse rapidement mettre la main dessus.)

Il fait de même pour un lai :

> Encore entrepris a faire
> Un lay, quoi que fust dou parfaire,
> Selonc le matere et le tamps
> Le quel j'estoie adont sentans.
>
> vv. 2122-2125.

(Je commençai également un lai, quel qu'en soit l'achèvement, en accord avec la matière et le temps, tels que je les éprouvais alors.)

Christine de Pizan, quant à elle, résout la tension par ce qu'elle appelle l'*amende volontaire,* le libre acquiescement à la contrainte. C'est sur cet envoi que se conclut la ballade prologue qui ouvre son recueil *Cent Ballades d'Amant et de Dame :*

> Prince, bien voy qu'il se vauldroit mieux taire
> Que ne parler a gré ; voy cy comment
> Payer m'en fault d'amende volontaire,
> Cent balades d'amoureux sentement.
>
> P. 32.

> (Prince, je vois bien qu'il vaudrait mieux se taire que de ne parler selon sa volonté ; voici comment il me faut composer, en payement, par une amende volontaire cent ballades de sentiment amoureux.)

Le rire en pleurs qu'ont connu tous ces écrivains est ressenti par eux comme le propre du jongleur, signe d'une condition de dépendance à laquelle tous rêvent d'échapper :

> ... tempus enim ridendi et tempus flendi. Qui secus facit non viri, sed joculatoris vacat officio.
>
> (Il y a un temps pour rire et un temps pour pleurer. Qui n'agit pas ainsi se comporte non pas en homme mais en jongleur.)

affirme Alain Chartier dans son *Dialogus familiaris Amici et Sodalis super deploracione gallice calamitatis* (Dialogue familier de l'ami et de son compagnon sur la déploration des maux de la France), p. 250.
La traduction faite à l'époque donne pour ce passage :

> car il est aucunnesfoiz temps de rire et autresfoiz de plorer, et qui autrement le fait, il doit plus tost estre appellé jangleur que joueur.
>
> P. 251.

La modification est significative qui renvoie non plus au jeu mais à la tromperie. Il faut attendre François Villon, jongleur sublime, pour que le rire en pleurs soit assumé comme l'expression d'une personnalité éclatée et non plus uniquement comme le signe d'une condition ou d'une volonté de tromper.

Le contournement de la contrainte par le jeu possible avec le différé est une conquête du livre. Le rapport du clerc-écrivain à son activité en est profondément transformé. Certes la question des gages reste d'une brûlante actualité. Mais elle ne ramène pas pour autant le poète au rôle d'amuseur. Ainsi Eustache Deschamps rappelle au roi une promesse d'argent de deux cents francs, faite il y a quatre ans :

> Et le faictes ordonner le premier
> Affin qu'il puist avoir ses deux cens frans,
> Ou il convient qu'il deviengne bergier
> Et qu'il garde brebis aval les champs ;

Plus ne fera chançons, livre ne chans,
Ainsois joura de la turelurette.

T. IV, ballade 788, vv. 17-22.

(Et donnez en premier l'ordre en ce qui le concerne afin
qu'il puisse avoir ses deux cents francs, ou il faut qu'il
devienne berger et qu'il garde les brebis dans les champs ; il
ne fera plus de chansons, de livre ni de chants mais jouera du
pipeau.)

Lire pour un reste de vin

Le poète n'est pas un joueur d'instrument, sens fréquent du mot
menestrel ; il n'est pas un amuseur mais se veut un conseiller des
princes, un sage. C'est la position prise par Guillaume de Machaut
dans *Le Confort d'Ami,* par Eustache Deschamps dans *Le Lay de Plour*
(*Œuvres complètes*, t. II, pp. 306-314), dans *Le Lay du Roy* et dans
nombre de ses ballades ; c'est la pose qu'assume enfin Christine de
Pizan. Ce que produit le clerc-écrivain ce ne sont pas des perfor-
mances mais des livres. Là encore, le cas de Jean Froissart est typique
comme en témoigne cette anecdote contée dans *Le Dit dou Florin.* Le
poète arrive à la cour d'Orthez, cour de Gaston Phœbus, avec un livre
tout prêt : *Meliador.* Ce roman du « chevalier au soleil d'or » (v. 296)
avait été commandé par Wenceslas de Brabant, mort avant d'avoir vu
l'œuvre achevée :

Et le livre me fist ja faire
Par tres grant amoureus afaire,
Comment qu'il ne le veïst onques.

Le Dit dou Florin, in *Dits et Débats,*
vv. 307-309.

(Et il me fit faire le livre avec un intérêt passionné bien qu'il
n'ait pu le voir.)

Wenceslas n'a donc pu rétribuer le poète. Pendant près de trois
mois, Froissart lit à Gaston Phœbus, chaque soir à minuit, sept pages
de *Meliador* :

Quant leü avoie un septier
De foeilles et a sa plaisance,

> Li contes avoit ordenance
> Que le demorant de son vin,
> Qui venoit d'un vaissiel d'or fin,
> En moi sonnant, c'est chose voire,
> Le demorant me faisoit boire.

Ibid., vv. 368-374.

(Quand j'avais lu sept pages environ pour son plaisir, le comte ordonnait, au son d'un instrument — c'est la vérité — que je pusse boire le reste de son vin qui venait d'un récipient d'or pur.)

Quand la lecture de l'œuvre entière est achevée, Gaston Phœbus paie le poète. Il rémunère le divertissement mais n'achète pas le livre. Froissart est déçu, une remarque incidente le montre :

> Et mon livre qu'il m'ot laissié,
> (Ne sçai se ce fu de cœur lié),
> Mis en Avignon sans damage.

Ibid., vv. 387-389.

(Et j'emportai en Avignon sans dommage mon livre qu'il m'avait laissé — je ne sais si ce fut de cœur joyeux.)

Le reste de vin qu'on lui donne, la performance que l'on rétribue ramènent le poète au rang de ménestrel. Le livre n'a pas été reconnu par Gaston Phœbus comme un objet digne d'être possédé. Gaston Phœbus n'est pas sur ce point un prince moderne. Il est surtout, les documents d'archives en témoignent, un prince avare.

Mais il est des princes qui achètent des livres, qui les collectionnent comme de beaux objets, ou mieux encore, pour les poètes, comme des textes. Jean de Berry, Louis d'Anjou, Louis d'Orléans sont amateurs de beaux livres ; Charles V aime les bons textes, les textes utiles pour le gouvernement. Il y a un goût généralisé du livre chez les Valois et dans toutes les maisons princières de l'époque. Dans *Le Jugement dou Roy de Behaingne,* Guillaume de Machaut représente Jean de Luxembourg dans son château de Durbuy, au Luxembourg, se faisant lire « la bataille de Troie » :

> En moult grant joie
> Estoit assis sur un tapis de soie,

> Et ot un clerc que nommer ne saroie
> Qui li lisoit la bataille de Troie.

> *Œuvres*, t. I, vv. 1472-1475.

(En très grande joie, il était assis sur un tapis de soie et un clerc, que je ne saurais nommer, lui lisait la bataille de Troie.)

Il précise à propos de Jean de Luxembourg :

> ... et d'Amours
> Congnoist il tous les assaus, les estours,
> Les biens, les maus, les plaintes et les plours
> Mieus qu'Ovides qui en sot tous les tours.

> *Ibid.*, vv. 1324-1327.

(et d'Amour, il connaît tous les assauts, toutes les batailles, les biens, les maux, les plaintes et les pleurs, mieux qu'Ovide qui en savait tous les tours.)

La Cour d'Amour

La vie de cour a un parfum littéraire. D'autres princes font plus encore, ils prennent la figure du poète. Cette attitude n'est pas inconnue de la littérature antérieure. Pensons à Guillaume IX, à Thibaut de Champagne. Elle se développe aux XIVe et XVe siècles et intéresse des seigneurs de toute importance : les chevaliers-poètes Jehan de Garencières et Oton de Grandson, le cercle autour de Louis d'Orléans, qui produit *Le Livre des Cent Balades* et ses réponses, ou Wenceslas de Brabant. En attendant au siècle suivant l'immense figure de Charles d'Orléans et celle, attachante, de René d'Anjou. La poésie devient pour toute une société un jeu sérieux.

Une institution en porte témoignage, la création par Charles VI de la Cour amoureuse. Mise en place le 6 janvier 1400, jour de l'épiphanie, la Cour d'Amour voit sa charte publiée, c'est-à-dire, ainsi que le texte l'indique, « lue en public » le jour de la Saint-Valentin de la même année en l'hôtel d'Artois à Paris, hôtel du duc de Bourgogne. Cette institution est fondée par Charles VI, à l'initiative précisément de Philippe, duc de Bourgogne (Philippe le Hardi) et de Louis, duc de Bourbonnais. Elle est créée sous l'égide de deux vertus : *humilité* et *loyauté*, « à l'honneur, louange, recommandacion et service de toutes dames et damoiselles ». On en confie la charge à un prince de la Cour d'Amour, rédacteur de la charte, Pierre de Hauteville, né en 1376, mort à Lille le 10 octobre 1448, protégé du duc de Bourgogne. Association littéraire, festive et amoureuse, la Cour d'Amour se donne pour but de « tenir joieuse feste de puy d'amours » le premier dimanche de chaque mois et à certaines dates retenues pour leur valeur symbolique, jour de la Saint-Valentin, un jour du mois de mai, à l'une des cinq fêtes de la Vierge.

Un manuscrit de cette charte ayant été découvert au XVIIIe siècle, les érudits du temps et du siècle suivant ont cherché des modèles à une telle institution. Fallait-il songer aux cours d'amour des troubadours (non, car elles sont « inventées » en réalité par Jean de Nostredame, frère du célèbre astrologue, au XVIe siècle), ou à une mise en scène allégorique de la cour du dieu Amour (c'est l'opinion de Friedrich Diez et à sa suite celle de Gaston Paris) ? Fallait-il penser à un tribunal amoureux organisé à la mode du temps, tel qu'en offrent, posté-rieurement, les *Arrêts d'Amour* de Martial d'Auvergne ? Le modèle direct, en fait, pour l'organisation de la Cour d'Amour est celui des puys auxquels la charte fait explicitement allusion, ou des chambres de rhétorique. Pierre de Hauteville est un homme de cette France du Nord où ont fleuri ces confréries, et les activités retenues par la Cour d'Amour — composition de ballades sur un refrain donné, de serventois en l'honneur de la Vierge, dîners, fêtes, messes, débats sur des questions amoureuses « pour plaisant passetempz » — sont bien celles des puys. Il s'y ajoute pourtant une autre dimension qui apparente cette fondation de la Cour d'Amour à celle des ordres de chevalerie dont le XIVe et le XVe siècle ont vu la création se multiplier. Ses statuts, en effet, sont suivis d'une liste de noms et des armoiries de ses membres. La Cour d'Amour, et c'est l'une des raisons de sa complexité, croise un modèle bourgeois et urbain (les puys) et un modèle chevaleresque (les ordres). Elle entend non seulement pro-duire de la poésie et des jeux mais aussi légiférer, certes de manière ludique, et garantir des conduites sociales, moins amoureuses d'ail-leurs que morales. Ce qui fascine donc dans la création de cette institution, c'est son ambivalence. Le langage juridique sérieux, voire solennel, sert au jeu, la codification minutieuse est à la fois amuse-ment et trace d'une angoisse.

L'ambivalence, tout d'abord, tient aux circonstances mêmes de la création de cette Cour. Elle est fondée, dit la charte, « pour passer partie du tempz plus gracieusement » au moment d'une épidémie de peste. C'est sous le poids d'événements analogues (la peste de 1348), que Boccace propose sa mise en scène du *Décaméron* et c'est un but identique qui est recherché par les deux compagnies : le passe-temps. Cette analogie rend manifeste un autre trait de la Cour amoureuse, son caractère littéraire. Dans des circonstances douloureuses (le contexte global est celui de la guerre de Cent Ans, le contexte rapproché, avoué par la charte, celui de l'épidémie de peste), on fait en sorte que la vie ressemble à la littérature. On affirme de soi une définition volontariste et abstraite que l'on codifie et que l'on fixe, quelle que soit finalement la réalité. Cette affirmation est d'autant plus forte que le décalage est plus grand entre l'image de soi dont on rêve, ou que l'on veut afficher, et les pratiques qui sont celles des milieux de cour et des cercles de la bourgeoisie et des fonctionnaires royaux en ce tournant du XIVe au XVe siècle. On poursuit par là divers buts. On veut tout d'abord réénoncer une définition de la noblesse, qui n'est pas la définition initiale, mais qui se trouve dans *Le Roman de la Rose* de Jean de Meun. Seules comptent la noblesse de cœur, la noblesse des mœurs. On sent sur ce point la pression des membres de la bourgeoisie et des fonctionnaires du roi. La nouvelle institution s'emploie donc à redéfinir les statuts sociaux dans son propre cadre, le service d'amour. Ainsi les noms des membres, dit la charte, seront écrits dans le registre amoureux en raison de la fonction de ces membres dans cette cour « sans avoir tant soit peu de regard a plus ancienne noblesse, auctorité, vaillance renommee, puissance presente ou richesse ». Telle est la vertu d'humilité sous la puissance de laquelle est placée la Cour amoureuse. On assiste à la création, au sens propre, de *notables,* ceux qui sont dignes d'être notés dans les registres amoureux et dont le nom, ainsi enregistré, doit passer à la postérité. La renommée devient un substitut possible de la noblesse de naissance. On souhaite que le renom passe le nom.

Mais il est aisé de mesurer la distorsion entre ce vœu et la pesanteur de la stratification sociale, et plus encore peut-être, le poids des clans dans un royaume divisé. Le prince d'Amour, tout d'abord, place en tête grands conservateurs et conservateurs selon un ordre qui respecte la hiérarchie sociale. Ensuite seulement vient la hiérarchie propre à la cour : prince, ministres, présidents, prélats, seigneurs, conseillers de tous ordres. Par ailleurs, l'orientation bourguignonne de la Cour d'Amour est patente et infléchit son idéale définition morale. Elle ira s'accentuant au fil des années. Aussi voit-on Christine de Pizan créer, un an après la Cour amoureuse mais au profit du duc d'Orléans, un nouvel ordre amoureux, l'Ordre de la Rose, dont elle évoque la fondation dans son *Dit de la Rose.* La figure centrale y est celle de la déesse Loyauté qui rappelle cette définition de la noblesse :

> Je n'entens pas par bas lignaige
> Le vilain, mais par vil courage.
>
> *Œuvres poétiques,*
> t. II, vv. 338-339.

(Je n'entends pas par bas lignage le vilain [le paysan], mais celui au cœur vil.)

D'un ordre à l'autre les idéaux affirmés sont les mêmes, les partis politiques défendus diffèrent.

L'autre vertu dont la Cour amoureuse fait son emblème et que Christine de Pizan met en avant également dans son Ordre de la Rose, est la loyauté. Mais, le déplacement est propre à l'institution, cette loyauté n'est plus centrée sur le domaine des armes, mais sur le service amoureux. Là encore le problème est d'actualité et la réalité douloureuse. L'institution de la Cour d'Amour prend place en pleine querelle du *Roman de la Rose.* Cette querelle, qui se poursuivra au XVIe siècle sous le nom de *Querelle des Femmes,* se place à la fois sur un plan moral et sur un plan littéraire. Elle commence par une attaque de Christine de Pizan dans son *Epistre au Dieu d'Amours.* Christine reproche à Jean de Meun de médire des femmes. Certains des membres de la Cour, Gontier Col, « notaire et secretaire du roy », son frère Pierre Col, « chanoine de Paris et de Tournay », Jean de Montreuil, « prevost de Saint Pierre de Lille », adoptent le parti de Jean de Meun et par suite attaquent les femmes dans le débat qui les oppose à Christine. De même figurent dans la liste des membres de cette institution, fondée à l'honneur des dames, des personnages connus par ailleurs pour être les auteurs de tentatives de rapt et d'enlèvement. Le paradoxe est significatif. La question de la loyauté en amour traverse tout le siècle. Elle se pose déjà, ouvertement, dans *Les Cent Ballades* de Jean le Sénéchal et ses amis. Le thème du recueil, qui date de 1389, est celui d'un jeu parti : « Vaut-il mieux en amour être loyal ou non ? » On connaît l'attitude affichée par certaines des réponses. Ainsi Jean de Berry, futur membre de la Cour amoureuse, déclare au refrain de sa ballade : « On peut l'un dire et l'autre doit on faire. » La parole n'engage plus, les signes se distordent. La richesse d'intérêts d'une institution telle que la Cour amoureuse repose sur ce jeu des décalages du dit et du non-dit. Se révèlent ainsi les malaises d'une société qui cherche, en proclamant une morale que son attitude dément, à masquer son évolution.

La Cour d'Amour, en fait, est un jeu de rôles, dont le principe est d'acquérir de la louange, de la renommée. Le jeu se joue sous le regard des ancêtres, les pères, garants des règles et des ressorts de la partie. Une théorie de l'amour, en effet, sous-tend cette institution ; elle relève de la morale courtoise qu'ont énoncée et magnifiée la poésie lyrique des troubadours et le roman du XIIe siècle, et qu'a codifiée André le Chapelain dans son *Traité de l'amour courtois*. L'amour est source de toutes les vertus. Par l'amour d'une dame et d'une seule — « pour l'amour d'une » est la formule consacrée — , on honore toutes les femmes. Nul ne peut donc valoir, avoir du prix, s'il n'aime. L'amour permet le dépassement de soi. Il pousse aux grandes actions dans tous les domaines. Partant, dire que l'on aime, c'est affirmer son mérite.

Il est évident que la Cour amoureuse entend maintenir des valeurs qui, dans les faits, sont sur leur déclin. Ces valeurs sont la loyauté, bien sûr, minée par un langage double dont textes et conduites offrent de nombreux exemples. Autre valeur en recul : la joie. La Cour doit en effet permettre de « trouver esveil de nouvelle joye ». L'acte de fondation est donc conçu comme une thérapie qui permettra à toute une société en crise d'échapper au sentiment qui devient dominant dans la vie comme il devient prédominant dans l'esthétique : la mélancolie. Dernière valeur enfin : la stabilité. La charte veut construire un édifice, hors de l'action de Fortune et de sa roue. Cette recherche de stabilité de gouvernement est la raison d'être, sans aucun doute, de la minutie de l'établissement — quasiment maniaque dans sa profusion de détails chiffrés. Minutie ironique par contrecoup. A une exaltation des valeurs anciennes, de l'honneur, de la largesse, dépense joyeuse et dilapidatrice, répond ce compte bourgeoisement établi. Il détaille le poids des couronnes en argent offertes aux vainqueurs des concours poétiques, comme il énumère et chiffre le salaire des copistes enregistrant les ballades, et indique qui paie le papier.

Car de ce qui se fait dans cette institution, il faut garder la trace. Ce qui importe est le bruit de son nom, la construction, pour les générations à venir, de sa propre statue. Le jeu de l'amour ne se joue plus dans la chambre des dames (lesquelles sont muettes, on ne conserve pas leurs « jugements »), mais devant la galerie. Il est représentation. Il faut moins aimer que dire que l'on aime, moins mourir que chanter ses tourments. Christine de Pizan est très consciente de cette dimension littéraire que prennent les plaintes des amants. Elle fait dire à une dame, dans *Le Debat de deux amans* (*Œuvres poétiques*, t. II, vv. 942-944), qu'une telle attitude n'est qu' « usage » et qu'on parle ainsi d'amour par « rigolage », par plaisanterie et pour « passer temps ». Cette société est en quête de divertissement. Christine de Pizan poursuit son analyse en avançant avec prudence que peut-être « jadis », « en l'ancien temps », il y eut des amants véritables qui mouraient d'amour pour leur dame. Ce n'est plus le cas aujourd'hui, au temps de Christine, ce n'était même pas le cas hier. Hier, c'est-à-dire il y a cent ans. Les amants reproduisent des conduites de la fiction. Leurs douleurs sont écrites dans les romans (Christine cite *Le Roman de la Rose*) « et proprement descriptes / A longue prose » (vv. 959-960).

Ce que l'on retient alors de l'institution de la Cour amoureuse est sa dimension littéraire, dans les modèles de conduites qu'elle recherche et prône, et dans sa production. Pour acquérir de la valeur, en effet, il faut aimer ; et aimer, dans cette théorie de l'amour, c'est chanter. Mais ce qui frappe dans la charte de la Cour d'Amour et qui l'ancre profondément dans la problématique morale et littéraire des XIVᵉ et XVᵉ siècles, est que le chant, la composition poétique ne sont conçus qu'enregistrés, mis par écrit. La nouvelle mémoire est de papier. Ainsi le prince d'Amour se préoccupe du « lieu de ce royaume » où « seront mis en garde le registre des armes, les papiers des balades et autres fais de rethorique, sy tost que plains seront d'escripture, pour les monstrer en temps a venir quant il plaira a ceulz qui le requerront et vaurront ». Le fait de noter les ballades a des conséquences sur leur appréciation littéraire. On pourchassera dans ces dernières « vice de fausse rime », « reditte trop longue ou trop courte ligne », car les ballades couronnées étant « enregistrées en noz amoureux registres », précise le prince, le vice apparaîtrait clairement. Aussi faut-il juger les productions littéraires non seulement selon une loyauté morale, « sans avoir regard par faveur a hautesse de prince ou noblesse », mais aussi selon une légalité formelle qu'enjoignent les traités de rhétorique : exactitude de la rime, du mètre, absence de redondance. Le puy d'Arras avait encouru des reproches de la part de Jean de Renti, trouvère artésien du milieu du XIIIe siècle. Les juges se laissent impressionner pour des raisons de parenté ou de prestige social et couronnent des ânes. Du favoritisme et de l'ignorance, la Cour d'Amour veut se protéger. Elle cherche à laisser des témoignages sans tache. De même, les questions amoureuses soumises à la Cour passeront toujours par l'écrit. Demandeur et défenseur se doivent de choisir chacun une couleur d'encre, le noir excepté, et de s'y tenir. C'est ainsi, dans une forme matérielle précisée à l'extrême, que seront soumises ces questions aux présidents qui rendront leur sentence le jour de la Saint-Valentin. Enfin, pour ceux qui enfreindraient la règle de la Cour et composeraient ou feraient composer des libelles diffamatoires contre les dames présentes ou passées, on fera peindre, dans les registres, leur écu couleur de cendre. « Et nientmains, son nom et seurnom demorroient escripz sur icellui son escu, paint de couleur de cendres, affin que la gloire de sa renommee apparust aux regardans estre estainte et mauditte generamment par toutes terres. » De sa honte même, il faut laisser la trace.

La Cour d'Amour a correspondu à une mode et à un besoin. Se succèdent, en quelques années, la fondation de l'Ordre de la Dame blanche à l'écu vert, par Jean II le Meingre, dit Boucicaut, pour la défense des veuves, la Cour amoureuse où l'on retrouve les membres de la confrérie instituée par Boucicaut, puis l'année d'après, l'Ordre de la Rose, créations qui s'insèrent dans cet immense mouvement des puys, des chambres de rhétorique et des ordres. La Cour amoureuse est de loin la fondation la plus importante en personnel. La charte enregistre plus de six cents noms, au moment de la rédaction de la liste dans le manuscrit de la Bibliothèque nationale (français 5233). De cette mode témoignent les parodies. Ainsi Eustache Deschamps ordonne-t-il ironiquement les 16 et 17 octobre 1400, la création d'un parlement à Epernay pour les fêtes de mai, création qu'il relate dans un dit : « D'un beau dit de ceuls qui contreuvent [c'est-à-dire imaginent] nouvelles bourdes et mensonges » (t. VII, pp. 347-360). Il écrit de même une ballade sur le refrain « Pour compte de ses bourdes rendre » qui imagine la convocation d'un parlement à Lens en Artois, tous les mois de mai (ibid., pp. 361-362). Car les valeurs que défend la Cour amoureuse sont déjà, en 1400, des valeurs minées par la trahison ou la dérision. De cet évidement, de ce creux que les codes, les chiffres, le légalisme tentent de dissimuler, Eustache Deschamps et Christine de Pizan ont pris la mesure. Des textes postérieurs expliciteront l'effondrement de ce corps de doctrine sur lequel repose la Cour amoureuse. Ainsi, alors que « toute femme qui souhaite avoir les louanges du monde est tenue de s'adonner à l'amour », comme le rappelle le jugement XII du *Traité de l'amour courtois* d'André le Chapelain (livre II, chapitre 7), *La Belle Dame sans mercy* d'Alain Chartier (le texte date de 1424) refuse d'aimer, refusant même l'hommage de l'amour. On comprend le scandale que suscita ce texte et que désignent les nombreuses réponses à la Belle Dame dont beaucoup furent composées à Tournai, lieu de résidence du prince d'Amour, Pierre de Hauteville. Le jeu de l'amour courtois n'est plus jouable. C'est ce que dit aussi, d'un autre point de vue, le *Jehan de Saintré* d'Antoine de La Sale. La trahison de la Dame des Belles Cousines, sa déloyauté qui la fait délaisser l'amour d'un jeune chevalier pour un gras abbé qui tourne en dérision les armes, achèvent de détruire un mythe.

La Cour amoureuse avait voulu, par une institution qui accordait une place primordiale au rite, maintenir une cohésion sociale et une cohérence doctrinale que guettaient des forces centrifuges de tous ordres : politiques, sociales, idéologiques. Tenter cette gageure en égalant la vie à la littérature, en donnant, pour reprendre une formule de Johan Huizinga, « un style à l'amour », est la marque d'une époque qui a cherché à s'écrire pour survivre. Amour des livres, amour de la littérature.

La tristesse du « déjà dit »

Le XIVᵉ siècle a le sentiment aigu de vivre une crise de la matière littéraire. Cette crise apparaît en fait au XIIIᵉ siècle et trouve sa formulation, à quelques années de distance, dans les deux grandes traditions en langue française en place à l'époque, le lyrisme et le roman.

Gui d'Ussel l'énonce au tout début du XIIIᵉ siècle pour la matière lyrique :

> Mas re no trob q'autra vez dit no sia.
>
> *Les Poésies des quatre Troubadours d'Ussel,*
> pièce I de Gui, v. 6.

(mais je ne trouve rien que l'on n'ait déjà dit.)

Huon de Méry le relaie pour la matière narrative, en regard tout particulièrement de Chrétien de Troyes, dans *Li Tournoiemenz Ante-crist* :

> Mes qui bien trueve pleins est d'ire,
> Quant il n'a de matire point.
> Joliveté semont et point
> Mon cuer de dire aucun bel dit ;
> Mes n'ai de quoi ; car tot est dit,
> Fors ce qui de novel avient.
>
> vv. 4-9.

(mais celui qui compose bien est plein de tristesse quand il n'a pas de matière. Gaîté ordonne à mon cœur et le pousse à

57

dire quelque beau dit ; mais je n'ai de quoi ; car tout est dit en dehors de ce qui arrive de nouveau.)

Le XIIIe siècle, pourtant, connaît un profond renouvellement de la matière grâce au *Roman de la Rose*. Celui-ci affiche de manière optimiste sa conscience de fonder un genre nouveau :

> La matire est et bonne et nueve
>
> T. I, v. 39.

proclame Guillaume de Lorris. De même Jean Renart affirme dans son *Roman de la Rose* (le *Guillaume de Dole*) qu'il « est une novele chose », et Jean Bodel vante sa *Chanson des Saisnes* en la désignant du qualificatif laudatif : « riches vers nouviaus », expression qu'il fait rimer avec son nom, « Jehans Bodiaus ».

Le XIVe siècle est doublement successeur : successeur de cette matière narrative et lyrique dont le siècle précédent avait déjà pris conscience qu'elle s'épuisait, successeur du *Roman de la Rose*. L'importance fondamentale de ce texte, à l'époque qui nous intéresse, a été bien analysée par Pierre-Yves Badel dans son grand livre *Le Roman de la Rose au XIVe siècle*. A l'amour de la Rose en effet, le XIVe siècle substitue l'amour du *Roman de la Rose*. Siècle de la réflexivité littéraire, de l'amour des livres et *du* livre en particulier que constitue à ses yeux ce roman, le XIVe siècle est le temps d'une littérature du second degré. On passe dans les termes de Pierre-Yves Badel « d'un état spontané de la littérature française » à son « état réflexif » (p. 93).

Ce constat douloureux d'une crise de la matière est partout. Chez Eustache Deschamps :

> Helas ! On dit que je ne fais mès rien,
> Qui jadis fis mainte chose nouvelle ;
> La raison est que je n'ay pas merrien
> Dont je fisse chose bonne ne belle.
>
> T. VI, ballade 1204, vv. 1-4.

(Hélas ! on dit que je ne fais désormais rien, moi qui jadis fis maintes choses nouvelles ; la raison est que je n'ai pas le matériau dont je pourrais faire chose bonne et belle.)

Chez Jean Froissart qui s'écrie dans *Le Joli Buisson de Jonece* :

> Que porai-je de nouvel dire ?
>
> v. 433.

La crise est encore analysée dans *Le Champion des Dames* (œuvre écrite dans les années 1440-1442) par Martin Le Franc qui entrevoit l'une des solutions :

> Item, on a fait tant de choses
> Qu'on ne scet mais a quoy muser.
> On a fait textes, or a gloses
> Composer fault le temps user[1].

> (De même, on a fait tant de choses qu'on ne sait désormais
> à quoi s'amuser. On a fait des textes ; il faut maintenant passer
> son temps à composer des gloses.)

Une image lancinante énonce ce constat, douloureux pour les hommes du XIVe siècle, de venir après : l'image du glanage. Emprun-tée à la Bible, au livre de Ruth, elle est employée par saint Bernard pour prêcher l'humilité aux moines. « Les grands moissonneurs sont saint Augustin, saint Jérôme, saint Grégoire ; celui qui vient après eux doit se tenir avec les pauvres et les servantes » (*Inédits bernardins dans un manuscrit d'Orval,* cité d'après Dom Jean Leclercq, p. 191). L'image passe dans le domaine séculier au XIIIe siècle pour dire la difficulté du renouvellement de la matière. Elle est chez Huon de Méry dans *Li Tournoiemenz Antecrist.* Les moissonneurs ayant précédé Huon, et qu'il désigne nommément, sont Chrétien de Troyes et Raoul de Houdenc. Huon conclut *Li Tournoiemenz* en ces termes :

> Se j'ai trové aucun espi
> Apres la mein as mestiviers,
> Je l'ai glané molt volentiers.
>
> vv. 3542-3544

> (Si j'ai trouvé quelque épi après la main des moissonneurs,
> je l'ai glané bien volontiers.)

De même dans l'épilogue de l'*Avionnet,* l'auteur explique sa méthode de travail. Il n'a pas « fait tout de [sa] teste » (v. 12), il a compilé :

> Je, qui suis des autres le pis,
> Après le grain, cuil les espis,

---

1. Ms. Paris, Bibliothèque nationale, fonds français 12476, fo 98. Cette partie du texte est inédite.

Si comme fist Ruth la courtoise.

Recueil général des Isopets,
t. II, p. 382, vv. 19-21.

(Moi, qui suis le pire de tous, après le grain, je cueille les épis, comme fit Ruth la courtoise.)

L'image réapparaît chez Jean de Condé dont le cas est exemplaire puisqu'il est au sens propre, nous l'avons vu, un héritier. Fils du ménestrel Baudoin de Condé, Jean réfléchit sur cette filiation. Dans *Le Dit dou Levrier,* il écrit :

Car apriès ciaus cui les blés cuellent
En awost, vont cil qui recuellent
Ce qui lor ciet, et si l'assamblent,
Et teil messonneur me resamblent,
K'apriès lui vois pour recuellier
Chou qui li remest au cuellier.

Dits et Contes, t. II, vv. 55-60.

(Car après ceux qui les blés cueillent en août, vont ceux qui recueillent ce qui tombe de leurs mains, et qui l'assemblent, et de tels moissonneurs me ressemblent car je vais derrière lui pour recueillir ce qui reste à cueillir.)

Autre héritière, Christine de Pizan use de la même image pour penser son rapport au père. On lit au prologue de *L'Epistre Othea,* dans un *topos,* une formule d'humilité :

... car je n'ay sentement
En sens fondé, n'en ce cas ne ressemble
Mon bon pere, fors ainsi com l'en emble
Espis de blé en glenant en moissons,
Par mi ces champs et coste les buissons.

P. 151, vv. 13-17.

(car je n'ai pas sentiment fondé en raison, et je ne ressemble pas en cela à mon bon père, si ce n'est à la manière de qui vole les épis de blé en glenant dans les moissons à travers les champs et à côté des buissons.)

De même Chaucer, le grand poète anglais du XIVe siècle, dans la version F du prologue de la *Legend of Good Women* (1386), énonce :

And I come after, glenyng here and there
The Works, p. 484, v. 75.

(Et je viens après, glanant ici et là)

L'image peut servir de manière polémique. Ainsi par elle, Guillaume de Digulleville conteste-t-il l'affirmation du début du *Roman de la Rose* : « La matière est et bonne et neuve. » Pour ce moine cistercien, la matière du *Roman de la Rose* n'est ni bonne ni neuve. Elle n'est pas bonne car le texte a été dicté, pour tout ce qui parle d'amour, par une vieille Vénus. Elle n'est pas neuve, car le reste n'est pas du fait de Jean de Meun :

Il en embla en autrui champ.

(Il en a volé dans le champ d'autrui.)

dit la deuxième rédaction (vers 1355) du *Pèlerinage de vie humaine*[1].

On peut suivre l'image du glanage pendant tout le XVe siècle. Pour Georges Chastelain, la moisson que l'on pille est celle de Boccace :

... ne que moy, sy homme indoct et de sy gros
engin, deusse aller jetter ma faucile en la messon ou
sy glorieux homme avoit mis main
Le Temple de Bocace, p. 195, lignes 11-12.

(ni que moi, homme si peu savant et d'esprit si épais, dusse aller jeter ma faucile dans la moisson où un homme si célèbre avait mis la main)

Pour Guillaume Alexis, moine de l'abbaye de Lyre, au diocèse d'Evreux, qui écrit dans la deuxième moitié du XVe siècle, les champs appartiennent à Alain Chartier et à Michault Taillevent :

Or voys après eulx et amasse
Les espiz du champ anobly.
L'ABC des Doubles, in *Œuvres poétiques*,
t. I, vv. 26-27.

(Je vais derrière eux et j'amasse les épis du champ anobli.)

Jean Lemaire de Belges pense son œuvre historique en ces termes :

Quoi que soit, j'ay cuidé fealement recueillir tout
ce que les communs historiens de France et

---

1. Ms. Paris, Bibliothèque nationale, fonds français 12466, f° 52d, cité d'après P.Y. Badel, *Le Roman de la Rose au XIVe siècle*, p. 369.

d'ailleurs, avoient laissé derriere au plus grand
honneur de la nation Françoise. Et m'ha semblé que
je faisoye comme font ceux qui amassent les menuz
espis de blé, apres les moissonneurs : ou ceux qui
gardent de perdre les raisins que les vendangeurs
ont laissez derriere : laquelle chose est permise à
chacun par droit divin et humain.

Les Illustrations de Gaule et Singularitez de Troye,
t. II, livre III, p. 468.

Mathurin Régnier joue encore avec l'image dans sa troisième satire :

Marquis, que doy-je faire en ceste incertitude ?
Dois-je, las de courir, me remettre à l'estude,
Lire Homère, Aristote, et, disciple nouveau,
Glaner ce que les Grecs ont de riche et de beau ;
Reste de ces moissons que Ronsard et des Portes
Ont remporté du champ sur leurs espaules fortes,
Qu'ils ont comme leur propre en leur grange entassé,
Esgallant leurs honneurs aux honneurs du passé ?[1]

L'image du glanage est de loin la plus fréquente mais le constat peut se faire à l'aide d'autres métaphores. Dans *Le Livre de la Mutacion de Fortune,* Christine de Pizan déplore d'avoir retenu seulement des « paillettes » du trésor de son père (livre I, chap. 6), dans *L'Epistre Othea* des « mietes cheans de haulte table » (prologue, v. 18) : des miettes tombant d'une table importante. L'image, biblique elle aussi, suit celle du glanage dans ce texte. La métaphore peut se faire nettement culinaire. Ainsi, dans le *Voir Dit,* Guillaume de Machaut se montre rivalisant avec un confrère quant à la confection d'une double ballade :

.T. fist devant, plus n'en escript ;
Et le mieus et le plus qu'il pot,
Print toute la gresse du pot,
Si qu'il ot assez l'aventage
De faire millour son potage.

vv. 6738-6742.

---

1. *Œuvres complètes,* Ed. Viollet-le-Duc, Paris, P. Jannet, 1853, p. 26.

(.T. commença, il n'en écrivit pas davantage ; et, le mieux et
le plus qu'il put, prit toute la graisse du pot, il eut ainsi
vraiment l'avantage de pouvoir faire meilleur son potage.)

Ce sentiment engendre une réflexion sur l'acte même d'écrire et sur
les formes que doit prendre l'écriture dans une telle situation de
pénurie. A la crise de la matière, en effet, répond une esthétique qui
est celle de la thésaurisation et du réemploi.

L'esthétique de la thésaurisation s'incarne dans l'image du coffre.
On y enferme des portraits chez Guillaume de Machaut dans le *Voir
Dit*, source même de la création, dont on prend ainsi le deuil. On y
enclôt des poèmes, œuvres réalisées chez Jean Froissart, dans *La
Prison amoureuse*. Le poète, dans ce texte, insiste sur son goût pour la
fabrication de coffrets :

> Car moult volentiers m'ensonnie
> A passer le tamps sur tel cose.
>
> vv. 1251-1252.

(car je m'occupe très volontiers à passer le temps à de telles
choses.)

Cette activité manuelle est donnée comme l'image même de sa
composition poétique. De plus, l'auteur se présente enfermant des
pièces lyriques dans ces coffres. Ainsi d'un virelai :

> Je le mis en une laiette
> Que j'avoie proprement fete
> De danemarce bien ounie.
>
> vv. 1248-1250.

(Je le mis dans une petite boîte que j'avais moi-même faite
en bois de Danemark, bien poli.)

Ainsi de ballades :

> J'avoic adont de cuir bouli
> Un coffinet bel et poli,
> Qu'estoit longés et estrois,
> Ou les balades toutes trois
> Mis, car cnsi usei uuloic.
>
> vv. 2114-2118.

(J'avais alors un petit coffre en cuir bouilli, beau et uni, qui
était assez long et étroit, où je mis les trois ballades, ainsi que
j'en avais l'habitude.)

L'enfermement de la poésie dans des coffres joue à la fois sur le
différé et sur la délégation. Il renvoie à une poésie qui n'agit plus dans
la présence mais dans la distance. La démarche s'esquisse chez
Guillaume de Machaut. Dans *La Fonteinne amoureuse,* le poète, au
travers d'une cloison, surprend la plainte poétique d'un amoureux.
Son réflexe, typique de ce qui se met en place au XIVe siècle, est de
noter cette « dolereuse complainte » (v. 214), de la préserver. Le
poète insiste sur cette activité scripturaire :

> Si que je pris mon escriptoire,
> Qui est entaillie d'ivoire,
> Et tous mes outils pour escrire
> La complainte qu'i voloit dire.
>
> *Œuvres,* t. III, vv. 229-232.

(Si bien que je pris mon écritoire qui est incrustée d'ivoire,
et tous mes outils pour écrire la complainte qu'il voulait dire.)

Aussi, au prince qui lui demande, ensuite, d'écrire sur sa douleur « ou
lay ou complainte » (v. 1504), le poète peut-il offrir, dans l'instant, la
propre composition du prince, notée la veille :

> Ma main mis a ma gibessiere,
> S'ataingni sa complainte entiere
> Et dis : « Sire, vostre requeste,
> Tenez ; vesla ci toute preste. »
>
> vv. 1517-1520.

(Je mis la main à ma gibecière et j'atteignis sa complainte
entière et dis : « Seigneur, voici votre requête, la voici toute
prête. »)

La gibecière est la première figure du coffre. Mais cette figure
renvoie encore à des valeurs chevaleresques par le biais de l'allusion à
la chasse. De plus, Guillaume souligne par sa mise en scène l'idée de
don et de contre-don. Sa notation, sa thésaurisation poétiques ne
sont pas délibérées, elles sont le fruit d'une occasion. Le poète ne fait
que rendre au prince ce qui est au prince : la poésie. Car, dans cette
vision du monde et du rôle de ses différents états, le prince est

l'amoureux primordial. Guillaume de Machaut, dans *La Fonteinne amoureuse,* insiste sur ce rôle respectif du chevalier et du clerc :

> Car je vueil tesmongnier et dire
> Que chevaliers acouardis
> Et clers qui vuet estre hardis
> Ne valent plein mon pong de paille
> En fait d'armes ou en bataille,
> Car chascuns fait contre droiture ;
> Dont, s'il font bien, c'est aventure.

vv. 132-138.

> (Car je veux témoigner et dire qu'un chevalier qui se fait lâche et un clerc qui veut être hardi n'ont pas la valeur d'une poignée de paille dans le domaine des armes ou des batailles, car chacun fait contre ce qui est juste, de telle sorte que, s'ils se comportent bien, c'est par hasard.)

Les conditions de l'échange entre le poète et le prince évoluent de Guillaume de Machaut à Jean Froissart. Le premier, dans *La Fonteinne amoureuse,* évoque, à travers le personnage de Jean de Berry, un prince qui sait donner, et sait, comme cela est son rôle, faire circuler les richesses. Un exemple le dit explicitement à l'ouverture du texte. Le prince reçoit d'un de ses voisins une haquenée, un épervier, un petit chien :

> Le don prisa moult hautement
> Et le reçut courtoisement
> En disant : « Vesci riche don.
> Bien est dignes de guerredon. »

vv. 1141-1144.

> (Il estima très hautement le don et le reçut avec courtoisie en disant : « Voici un don somptueux. Il est bien digne de récompense. »)

Il remercie le messager, lui donnant quinze florins. Puis, aussitôt, « tout en l'eure » (v. 1148), il envoie « le chien, l'oisel, la haguenee » (v. 1149) à une dame. Jean Froissart, au début de *La Prison amoureuse,* reprend l'éloge de la largesse :

> Certes, c'est une bonne tece
> Que uns grans sires puet avoir

D'estre larges de son avoir.

vv. 54-56.

(Certes, c'est une bonne qualité qu'un grand seigneur peut
avoir d'être généreux de son bien.)

Les mots *dons* et *guerredons* réapparaissent (vv. 77-78). Le prince
qui lui sert d'exemple est celui qui incarne les vertus chevaleresques
traditionnelles : Jean de Luxembourg. Mais, alors que ce prince a été
le protecteur de Guillaume de Machaut, il ne l'a jamais été de
Froissart qui avait neuf ans quand le souverain meurt à Crécy.
Largesse, incarnée par le roi de Bohême, est un souvenir pour
Froissart. Les termes qu'il prête au prince sont signifiants :

Tous li avoirs qui est en Bruges
Repus en coffres et en huges
Ne m'euïst valu une pomme,
Se n'euïssent esté chil homme
Qui m'ont a mon besoing servi.

vv. 85-89.

(Tout l'avoir qui est à Bruges, caché dans des coffres ou des
huches, ne m'eût servi à rien, s'il n'y avait eu ces hommes qui
m'ont servi quand j'en avais besoin.)

Mais pourquoi, s'il faut que l'argent sorte des coffres, la poésie
doit-elle y rentrer ? C'est que le temps précisément est à l'épargne.
On fait l'éloge de Largesse, parce que celle-ci n'est plus à l'honneur.
Les textes satiriques le répètent à l'envi. Il n'est que d'écouter
Eustache Deschamps. Si les grands — les seigneurs, les prélats —
épargnent, que peut thésauriser le poète ? De l'argent ? Certainement
pas dans le cas de Froissart. Le poète évoque cette incapacité dans *Le
Dit dou Florin*. L'image de la prison y revient lancinante : bourse-
prison qui, en fait, si bien *pourveüe* soit-elle (v. 105), ne peut retenir
l'argent :

J'avoie acheté en ce jour
Une boursette trois deniers
Et la, comme mes prisonniers,
Les quarante frans encloÿ.
[...]
Or avoi je mis mon avoir

> Et la boursette, tres le soir,
> En une aultre bourse plus grans.
> Quant je cuidai trouver mes frans,
> Certes je ne trouvais riensnee.

> *Dits et Débats*, vv. 396-399
> et 403-407.

(J'avais acheté le jour même une petite bourse pour trois
deniers et là, comme mes prisonniers, j'enfermais les quarante
francs [...]. J'avais mis mon avoir et la petite bourse, vers le
soir, dans une autre bourse plus grande. Quand j'imaginai
trouver mes francs, certes, je ne trouvai rien du tout.)

L'enchâssement infini des bourses ne peut éviter la perte. Si
Froissart sait « argent desfaire », il ne sait le « refaire », le « rapiecier
ne remettre ensamble » ainsi qu'il le dit à l'ouverture du texte
(vv. 1-3). Or refaire, rapiécer, remettre ensemble, c'est précisément ce
que fait l'écriture. Don et contre-don, *spartio*, Largesse étant morts, ce
que thésaurisera le poète et qu'il fera rentrer, quand il en sera besoin,
dans un circuit marchand, c'est la poésie.

On mesure l'évolution qui fait passer des coffres du XIIe siècle,
enfermant des corps chauds et encore palpitants (le rossignol du
Laustic de Marie de France, mise au tombeau de la voix vive, ou la
dame, fausse morte, dans *Cligès* de Chrétien de Troyes), à ces *coffins*
du XIVe siècle abritant un corps de poésie : les ballades, que le poète
animera quand il en sera temps.

La thésaurisation implique en effet une théorie du réemploi.
Christine de Pizan l'explicite de manière très consciente dans *Le Livre
des fais et bonnes meurs du sage roy Charles V*. Elle répond à des
critiques qu'on pourrait lui faire :

Ilz pourroient dire : « Ceste femme-cy ne dit mie de
soy ce que elle explique en son livre, ains fait son
traittié par procès de ce que autres auteurs on[t] dit
à la lettre » ; de laquel chose à ceulz je puis
respondre que tout ainsi comme l'ovrier de
architeture ou maçonnage n'a mie fait les pierres et
les estoffes, dont il bastist et ediffie le chastel ou
maison, qu'il tent à perfaire et où il labeure, non
obstant assemble les matieres ensemble, chascune
où elle doit servir, selon la fin de l'entencion où il

tent, aussi les brodeurs, qui font diverses divises, selon la soubtivité de leur ymaginacion, sanz faulte ne firent mie les soyes, l'or, ne les matieres, et ainsi d'aultres ouvrages, tout ainsi vrayement n'ay je mie fait toutes les matieres, de quoy le traittié de ma compilacion est composé ; il me souffist seulement que les sache appliquer à propos, si que bien puissent servir à la fin de l'ymaginacion, à laquelle je tends à perfaire.

T. I, livre II, chap. 21, pp. 190-191.

(Ils pourraient dire : « Cette femme ne tire pas d'elle-même ce qu'elle expose dans son livre ; bien au contraire, elle compose son traité en suivant à la lettre la relation d'autres auteurs. » A cela, je peux leur répondre : de même que l'ouvrier en architecture ou maçonnerie n'a pas fait les pierres et les matériaux avec lesquels il bâtit et édifie le château ou la maison qu'il s'emploie à achever et pour lesquels il travaille, et malgré cela il assemble les matières, chacune à leur place selon le but où il tend, de même les brodeurs, qui font des dessins variés selon la subtilité de leur imagination, ne firent en aucun cas les fils de soie, l'or, ni les autres matériaux, et de même pour d'autres ouvrages, de même, en vérité, je n'ai pas fait toutes les matières dont mon traité de compilation est composé. Il me suffit simplement de savoir les appliquer à propos, de telle sorte qu'elles puissent servir au but où je tends.)

L'emprunt devient une technique de composition — que l'on prélève des extraits chez des auteurs antérieurs ou, le fait est nouveau, que l'on fasse resservir, de manière explicite, ses propres œuvres. Ce n'est pas emprunter qui est blâmable mais dissimuler une telle pratique. On mesure la différence entre cette théorie de la composition créatrice, chez Christine de Pizan, et celle de l'imitation chez François Pétrarque. Ce dernier l'expose dans les termes d'une ressemblance familiale, l'air de famille :

Cette ressemblance ne doit pas être comme celle d'un portrait à l'original, qui fait d'autant plus d'honneur à l'artiste qu'elle est plus frappante, mais comme celle d'un fils à son père [...]. On peut donc employer le talent et les couleurs d'un autre ; on doit s'abstenir de ses expressions.

Lettres de François Pétrarque à Jean Boccace,
XXIII, 19, p. 46.

Théorie, non de la composition, mais de la transformation créatrice. L'accent est moins mis chez Pétrarque sur la forme que sur le style. Partant du même goût pour les livres, François Pétrarque est déjà dans une autre esthétique.

Le sentiment d'une crise de la matière engendre une réflexion sur la production même de la matière littéraire, sur la naissance de l'œuvre. L'exploration se développe sur plusieurs plans, ontologique, phénoménologique, mythique et historique.

Le chaos des origines et ses forêts

Comme le fait entendre la langue, la matière a rapport à la mère. Isidore de Séville le rappelle :

> Mater dicitur quod exinde efficiatur aliquid. Mater enim quasi materia. Nam causa pater est.

Etymologiarum lib. IX, chap. 5, section 6.

> (Mère vient de ce que d'elle naît quelque chose. Mère est en effet comme matière. Car c'est le père qui est la cause.)

La réflexion oscille entre chose et cause, entre cette *materia*/mère et cette *causa,* la forme paternelle. Dame Opinion, l'ombreuse créature qui dialogue avec Christine de Pizan dans *L'Avision Christine,* l'enseigne en termes aristotéliciens :

> Et toutefois, de matiere premierement, comme de son principe, chascune chose est faitte, car la matiere precede la fourmacion. Et aussi la matiere premierement, non pas accidentelment est le suppost des fourmes, par quoy encore appert qu'elle soit vray principe. Il s'ensuit que matere soit principe des choses.

Deuxième partie, p. 117.

> (Et toutefois, de matière premièrement, comme de son principe, chaque chose est faite, car la matière précède la formation. Et aussi la matière, de manière première et non

accidentelle, est le support des formes, ce qui fait apparaître encore son caractère de vrai principe. Il s'ensuit que la matière est le principe des choses.)

Quel est l'imaginaire de la matière au Moyen Age ? La matière, c'est l'unité primitive, le chaos primordial tel que Christine de Pizan le présente au début de *L'Advision*, l'indivision première :

> Le grand ymage, dont a son commencement ce dit livre parle, pour tout le monde puet estre pris ; c'est asavoir ciel, terre et abeisme. Son nom qu'escript en son front portoit, c'est assavoir *Chaoz*, puet estre entendu que a son commencement les pouetes anciens nommerent la masse que Dieu fourma, dont il trey ciel et terre et toutes choses, *chaos*, qui est a dire confusion, qui encore assez est au monde. Les .ii. conduis qu'il avoit par ou peüz estoit et purgiéz se puet entendre la naissance de toutes corporelles choses, et aussi la mort de toute creature vive.

> « Glose sur la premiere partie
> de ce present volume »,
> in *L'Advision Christine* (Ed. C. Réno), pp. 1-2.

(La grande image dont parle ce livre à son début peut être prise pour l'ensemble du monde ; à savoir le ciel, la terre et l'abîme. Le nom qu'elle porte écrit à son front, *chaos*, peut être entendu de cette manière : au commencement du monde, les anciens poètes nommèrent la masse que Dieu forma et dont il tira le ciel, la terre et toutes choses, *chaos*, c'est-à-dire confusion, laquelle est encore bien présente dans ce monde. Par les deux tuyaux de l'image, par lesquels elle était nourrie et purgée, on peut comprendre la naissance de toutes les choses corporelles, et aussi la mort de toute créature vivante.)

Ce chaos peut être vu comme forêt, *materia prima*, *hylè* des Grecs. C'est la forêt obscure dans laquelle se trouve Dante au début de *La Divine Comédie*, « chose dure à dire, sauvage et âpre et forte » (*Enfer*, chant Ier, vv. 4-5), cette « silve » qu'évoque Christine de Pizan dans son *Chemin de Long Estude* (v. 1131), profondeur ténébreuse de l'informe à valeur d'enfance. La matière en tant qu'origine renvoie à l'élémentaire et la forêt en constitue, métaphoriquement, le paradigme. La matière, en effet, relève du brut, du non dégrossi, du rude, comme la terre, une de ses figures, en ce qu'elle s'oppose au poli, au policé (pensons au sens de *rude* en anglais), au subtil de l'art, c'est-à-dire de ce qui est second. L'*Ovide moralisé* définit ainsi le chaos, à la suite d'Ovide :

> Ce n'est fors un moncel de forme[1],
> Sans art, sans devise et sans forme,
> Ou toute estoit en discordance
> Jointe des choses la semance.

T. I, livre I, vv. 155-158.

(Ce n'est qu'un monceau de formes, sans art, sans distinction et sans forme où toute la semence des choses était rassemblée sans ordre.)

Concordia discors. Mais en tant que mère, la matière, si elle est rude, est ronde ; si elle n'est pas polie, lisse, elle est douce et chaude. La matière, en ce qu'elle précède la division, la coupure du signe, est non contradictoire. La mère, enfin, comme la forêt, effraie, atterre. La mère terrifie, engloutit, mais lénifie, berce et calme.

La matière de la littérature médiévale, c'est ce *mesrien*, ce bois, ce matériau de construction sur lequel réfléchissent les poètes. *De vieil mesrien neufve maison,* dit le proverbe que l'on rencontre dans *Le Jouvencel* de Jean de Bueil. On le trouve sous forme de cette énigme dans les *Adevineaux amoureux :*

> *Demande*
> Comment feroit on de trois vielz deux nouveaulz ?
> *Response*
> Tout ainsi qu'en toute saison
> Se fait de vielz boiz noeufve maison,
> Fait on bien par commun usage
> De deux vielz culz noeuf mariage.

Demande n° 389, pp. 101-102.

(*Demande :* Comment ferait-on de trois vieux [jeu de mots avec vits ?] deux nouveaux ?

Réponse : De la même manière qu'en toute saison on fait à partir de vieux bois une maison neuve, on fait bien, selon l'usage commun, de deux vieux culs, mariage neuf.)

---

1. *Rudis indigestaque moles,* dit Ovide : amas non dirigé (sans ordre) et non digéré.

Le Moyen Age utilise le proverbe de manière optimiste comme image même de la réécriture, c'est l'emploi qu'en fait Jean Regnier dans ses *Fortunes et Adversitez,* qui récrit un rondeau d'Alain Chartier :

> Je vueil estre le charpentier
> Ou masson, qui est de mestier,
> Qui font souvent par leur raison
> De vieil mesrien neufve maison.

vv. 4391-4394.

(Je veux être le charpentier ou le maçon, dont on a besoin, eux qui font souvent, par leur intelligence, de vieux matériaux une maison neuve.)

L'utilisation peut en être pessimiste, montrant la fragilité de la jeunesse, du nouveau. Et c'est, à ce moment, le mot « rien » qui résonne à la rime. Ainsi Michault Taillevent, serviteur de Philippe le Bon, dans *Le Passe Temps* :

> Et a celle heure me sembloit
> Qu'il ne me fauldroit jamais rien :
> De maison neufve viel mairien.

Strophe VII, vv. 47-49.

(Et en ce temps, il me semblait que jamais rien ne me manquerait : à maison neuve, vieux matériaux.)

Bois de construction du mariage comme de la littérature, le *merrien* peut faire défaut comme nous l'avons vu avec Eustache Deschamps. Ce *merrien* qui fait écho au rien, à la chose ou dans les phrases négatives, au rien, au néant, est la matière même de la littérature médiévale dans son ambivalence, sa non-segmentation. C'est la forêt et ses échos, où se pose et se résout, ou non, la question de l'identité, de l'*être fors* (écho inversé de *forest*), hors de la matrice primaire. Il faut parcourir ce chemin, de la forêt chevaleresque des romans d'aventure aux forêts intérieures : « forest de Longue Pensee » de Richard de Fournival, « gaste forest de Longue Actente » qui s'écrit dans la mouvance de *La Belle Dame sans mercy* d'Alain Chartier, « forest de Longue Actente » et « forest d'Ennuyeuse Tristesse » de Charles d'Orléans. Dans cette forêt, le travail du poète est de distinguer l'arbre, le bâton, la verge, d'extraire du ligneux, la ligne, l'élément de rectitude qui permet de tracer, même si c'est à tâtons, un chemin. De

faire peut-être du *liber* un livre. Ainsi la ballade de Charles d'Orléans
« En la forest d'Ennuyeuse Tristesse » se clôt sur cet envoi :

> Aveugle suy, ne sçay ou aler doye ;
> De mon baston, affin que ne forvoye,
> Je vois tastant mon chemin ça et la ;
> C'est grant pitié qu'il couvient que je soye
> L'omme esgaré qui ne scet ou il va !

Poésies, t. I, ballade 63, vv. 25-29.

(Je suis aveugle, je ne sais où je dois aller ; de mon bâton,
afin que je ne m'égare, je tâte mon chemin, çà et là. Quelle
tristesse de devoir être l'homme égaré qui ne sait où il va !)

Le chemin de longue étude

Chose/cause, matière/forme, principe féminin/principe masculin, il
est intéressant de voir l'application qui est faite de ces catégories
philosophiques dans la théorie de la littérature. Le couple matière/
forme devient un binôme de l'esthétique littéraire renvoyant aux deux
premiers temps de la rhétorique : *inventio* et *dispositio*. Guillaume de
Machaut pense ce couple de la manière suivante : il inverse l'ordre
des termes, signe de cette crise de la matière littéraire que nous
analysons. La forme est première, elle est donnée par Nature. La
matière est donnée par Amour. A la mère, dans cette position, s'est
substituée la Dame. Cette vision a d'intéressantes conséquences. En
effet, selon la répartition des rôles sociaux qu'opère Guillaume de
Machaut, suivant en cela la tradition, au prince reviennent les armes
et l'amour, au clerc l'écriture, c'est-à-dire dans les termes de l'art
poétique de Guillaume, au prince revient la matière, au clerc la forme.
Et ceci est dans le droit fil des rapports du poète et de son mécène, du
poète qui reçoit des commandes, traite des matières imposées. Mais
liant le prince à la matière, Guillaume en fait par là même une figure
féminine, la dame du poète, *midons* en quelque sorte (tel est le nom,
« mon seigneur », par lequel les Provençaux désignent, au masculin,
leur dame). Dans un mouvement parallèle, il impose au poète la
figure virile de celui qui, dans l'acte de génération (métaphore
constante de la création littéraire), donne forme à la matière contenue
dans la semence femelle. C'est ce qu'apprennent les théories médi-

cales qui relisent, pendant tout le Moyen Age, le *De generatione* d'Aristote. Ainsi dans *La Fonteinne amoureuse,* le prince se plaint, geint et pleure, donnant la matière amoureuse au poète qui, de l'autre côté de la cloison, écrit, transcrit, grave cette plainte sur son « escriptoire,/ Qui est entaillie d'ivoire » (*Œuvres,* t. III, vv. 229-230).

La mise en scène, en fait, est plus complexe encore. Le prince et le poète sont féminisés. Ainsi le prince s'endort dans le giron du poète :

> Son bras et son chef mist sor mi
> Et moult doucement s'endormi
> Droitement enmi mon giron.
>
> vv. 1543-1545.

(Il mit son bras et sa tête sur moi et s'endormit très doucement juste sur mes genoux [littéralement : au milieu de mon giron].)

L'attitude est celle de la dame du poète dans le *Voir Dit.* On lit dans l'épisode de la rencontre sous le cerisier et du baiser volé :

> Mais sur mon giron s'enclina
> La belle, qui douceur fine a
>
> vv. 2257-2258.

(Mais la belle à la douceur exquise s'inclina sur mes genoux [ou mon giron])

et, dans l'épisode du lit, dans la chambre douillette et close, transposition, translation plus exactement, comme on dit d'une relique, de la scène précédente du verger à la chambre :

> Et la ma dame s'endormi,
> Tousdis l'un de ses bras sur mi.
>
> vv. 3467-3468.

(Et là ma dame s'endormit, ayant toujours l'un de ses bras sur moi.)

Passage d'un lieu clos extérieur à une clôture intérieure.

Mais le poète également est féminisé, partagé de par ses gestes entre une figure maternelle et une figure virginale. Ainsi, dans *La Fonteinne amoureuse,* il recouvre le prince de son manteau :

Mais einsois de mon mantelet
Le couvri pour le ventelet
Qui ventoit.

Œuvres, t. III, vv. 1555-1557.

(Mais auparavant je le recouvris de mon manteau à cause
du petit vent qui ventait.)

Il accueille dans son giron une figure endormie, telle la vierge requise
pour capturer toute licorne. On lit dans *Le Bestiaire* de Pierre de
Beauvais :

Si tost com l'unicorne le [la meschine virge] voit,
ele s'endort en son giron. Ainsi faitierement est
prise des veneors et menee aus roiaus palés.
Tout autresi Nostre Sires Jehsu Criz, esperitueus
unicornes, decendi en la Virge et par la char que
vesti pour nos fu pris des juis.

Article XV, pp. 71-72.

(Dès que la licorne voit la vierge, elle s'endort sur ses
genoux [dans son giron]. C'est ainsi, par ruse, qu'elle est
capturée par les chasseurs et emmenée dans les palais royaux.
De la même manière, Notre Seigneur Jésus-Christ, licorne
spirituelle, descendit au sein de la Vierge et par la chair qu'il
revêtit pour nous fut capturé par les Juifs.)

Richard de Fournival, dans son *Bestiaire d'amours,* précise que c'est
par le sens de l'odorat qu'est capturée la licorne :

Et par le flairier meïsme fui je pris, ausi com li
unicornes ki s'endort au douc[h] flair de la virginité
a la damoisele. [...] Si ke li sage veneor ki se nature
seivent metent une pucele en son trespas, et il
s'endort en son geron.

Il Bestiario d'amore, p. 56, lignes 13-14 et 19-21.

(Et par l'odorat même, je fus pris, comme la licorne qui
s'endort au doux parfum de la virginité de la demoiselle. [...] Si
bien que les chasseurs avisés qui connaissent sa nature mettent
une jeune fille sur son passage, et elle s'endort dans son giron.)

Vierge et mère, le poète s'égale à Marie. La scène d'endormisse-
ment devient une scène d'Annonciation. Annonciation païenne.

Vénus apparaît pour *aombrer* le couple endormi. Elle féconde l'œuvre d'un discours mythologique destiné au poète :

> Car Venus parla longuement
> De la pomme a moy seulement.

> *La Fonteinne amoureuse*, in *Œuvres*,
> t. III, vv. 2637-2638.

(Et Vénus pendant longtemps me parla à moi seul de la pomme.)

Elle sème au cœur du prince un réconfort amoureux. De même, dans le *Voir Dit*, Vénus descend dans une « nue obscure » qui fait aux amants « ciel et couverture » (vv. 3788-3789). Leur *aombrement* correspond au temps de la composition d'une chanson baladée (vv. 3794-3797). Le poète dit à son amie :

> Avez vous bien apperceü
> La deesse que j'ai veü ? [...]
> Comment elle nous aombra
> De sa nue, qui douce ombre ha ?

> vv. 3857-3858 et 3861-3862.

(Avez-vous bien aperçu la déesse que j'ai vue ? [...] comment elle nous recouvrit de sa nue, à la douce ombre ?)

On est passé de l'ombre profane du cerisier à cet aombrement vénusien qui fait écho à la descente du Saint-Esprit dans le sein de la Vierge. Toutes les frontières sont brouillées, sexuelles, culturelles, religieuses, et seule la chanson baladée, la poésie, peut dire l'indicible de la chose.

Ce scénario de création, d'incarnation, se retrouve, différent, chez Christine de Pizan. Christine place à l'origine de ses œuvres une scène de lecture. Elle se représente — et c'est la pose que retiennent également les enlumineurs dans leur scène d'incipit — feuilletant un livre. Telle est l'ouverture du *Chemin de Long Estude* : « Si cerchay un livre ou deux » (v. 177) ; tel est le début du *Livre de la Cité des Dames* : « Et comme adonc en celle entente je cerchasce entour moy d'aucun petit livret » (p. 616). On peut interpréter cette scène à un premier niveau. La fréquentation du livre est donnée à voir comme une illustration du travail de *translatio* qu'opère Christine par rapport à ses modèles, qu'ils soient négatifs comme les *Lamentations* de Matheolus dans *La Cité des Dames* ou positifs comme la *Consolation* de Boèce au début du *Chemin de Long Estude*. Mais, embrayeur narratif, fable illustrant le jeu intertextuel, la scène de lecture se double dans *La Cité des Dames* d'un autre volet qui l'équilibre et lui donne son sens second, sa profondeur, puisque telle est selon Christine la façon dont doivent être lus les poètes. Et cette scène est d'annonciation :

> En celle dollente penssee ainsi que j'estoye, la
> teste baissiee comme personne honteuse, les yeulx
> plains de larmes, tenant ma main soubz ma joe
> acoudee sur le pommel de ma chayere,
> soubdainement sus mon giron vy descendre un ray
> de lumiere si comme se le soleil fust.

pp. 621-622.

> (Dans cette pensée douloureuse, alors que je me tenais la tête baissée comme une personne honteuse, les yeux pleins de larmes, ma main sous ma joue, accoudée au pommeau de mon siège [on reconnaît le geste de la mélancolie], soudain sur mon giron, je vis descendre un rayon de lumière, comme si le soleil apparaissait.)

Christine ne reformule pas simplement la scène d'apparition de Philosophie à Boèce que Guillaume de Machaut a récrite dans *Le Remede de Fortune* avec l'apparition d'Espérance — encore que l'attitude d'affliction des trois poètes soit la même ; elle joue avec le sacré. Dans un orgueil humble, elle se met à la place de la Vierge, qui, elle aussi, dans les scènes d'annonciation, est très souvent représentée un livre, *Le Livre* plutôt, à la main. Elle reçoit dans son *giron*, le mot est fondamental qui annonce la future maternité, une lumière venue du ciel. Raison, fille de Dieu — Christine tient à souligner ce point pour garantir l'orthodoxie de sa pensée — descend en elle accompagnée de Droiture et Justice. La scène d'annonciation, pour le poète, est une scène d'inspiration. L'engendrement du livre se substitue à l'engendrement du Christ. Nouvelle conception de l'écrivain, orgueil nouveau de ce dernier.

Le Dit de la Rose, d'une année antérieur à *La Cité des Dames*, offre une préfiguration de cette scène. Amour visite ses loyaux amis rassemblés pour parler d'amour et de poésie (c'est la scène de fondation de l'Ordre de la Rose) :

Car alors seurvint tout a point,
Non obstant les portes barrées
Et les fenestres bien sarrées,
Une dame de grant noblesse
Qui s'appella dame et deesse
De Loyauté, et trop belle yere.
La descendi a grant lumiere
Si que toute en resplent la sale.

Œuvres poétiques, t. II, vv. 86-93.

(Car survint alors précisément, malgré les portes closes avec les barres et les fenêtres bien fermées [c'est malgré de tels obstacles que le Christ apparaît à ses disciples], une dame d'une grande noblesse qui se désigna comme dame et déesse de Loyauté, et elle était vraiment belle. Elle descendit là dans une grande lumière, de telle sorte que toute la salle s'en trouve illuminée.)

Dans la conjugaison de ces deux scènes, lecture et annonciation, Christine présente le modèle de sa création, sa double source, profane et sacrée, sa double polarisation : le labeur du clerc et l'inspiration du poète, son rapport à la tradition et son rapport à Dieu. Le mélange de mythologie païenne et d'imaginaire chrétien est caractéristique de l'épisode du *Dit de la Rose*. Loyauté est envoyée par le dieu Amour et elle est entourée de nymphes (v. 99), mais ces dernières paraissent *angelz* (v. 247). Elles semblent venir du Paradis et être les messagères de Dieu. Loyauté n'est pas Vénus, les roses apportées ne sont pas la pomme du Jugement de Pâris ou du péché originel. La concorde remplace la discorde. L'imaginaire de Christine de Pizan est un imaginaire chrétien greffé sur des modèles antiques. L'œuvre littéraire est le fait d'une élue que Dieu *aombre*. La naissance de l'œuvre est un engendrement naturel, une maternité. Cet imaginaire de la maternité est capital chez Christine qui l'explicite dans *L'Avision*. Nature enjoint à sa servante :

Ou temps que tu portoies les enfans en ton ventre, grant douleur a l'enfanter sentoies. Or vueil que de toy naiscent nouveaulx volumes lesquieulx, le temps a venir et perpetuelment au monde presenteront ta memoire devant les princes et par lumiers en toutes places lesquieulx en joye et delit tu enfanteras de te

memoire non obstant le labour et travail. Lequel,
tout ainsi comme la femme qui a enfanté, si tost
que ot le cry de l'enfant, oublie son mal, oubliera le
travail du labour oyant la voix de tes volumes.

pp. 163-164.

(Au temps où tu portais les enfants dans ton ventre, tu
sentais une grande douleur au moment de l'enfantement. Or
je veux que de toi naissent de nouveaux volumes qui dans
l'avenir et pour toujours offriront au monde, devant les
princes et en toute lumière, ton souvenir. Ces livres, tu les
engendreras de ta mémoire dans la joie et le plaisir malgré la
peine et la souffrance. Ainsi, comme la femme qui a enfanté
oublie sa douleur dès qu'elle entend le cri de l'enfant, tu
oublieras les peines du labeur en entendant la voix de tes
volumes.)

Christine s'y fait sensible aussi pour la Vierge. Elle écrit dans les *XV
joyes Nostre Dame* :

> Doulce dame, vueilles pitié avoir
> De mon ame pour ycelle leesce
> Que tu eus quant en ton ventre mouvoir
> Le Filz de Dieu sentis plein de sagece.

Œuvres poëtiques, t. III, p. 12, vv. 13-16.

(Douce dame, daigne avoir pitié de mon âme, au nom de
cette joie que tu eus quand tu sentis bouger dans ton ventre le
fils de Dieu plein de sagesse.)

L'expérience charnelle de l'enfantement que Christine a connue lui
donne un optimisme quant à la création littéraire qui lui est propre.
Elle proclame au prologue de *L'Epistre Othea* dans un vers qui précède
le *topos* d'humilité où elle se présente en glaneuse du champ de son
père :

> car moult en est la matiere nouvelle

Prologue, v. 11.

Elle reprend ainsi un siècle plus tard, non sans malice, l'affirmation
triomphante du *Roman de la Rose*.

Tel n'est pas le cas chez Guillaume de Machaut. L'engendrement
de l'œuvre est une naissance sans mère. Les fables que développe le

poète dans le *Voir dit* — naissance d'Erichthonios, né de la seule semence de son père Vulcain épris de désir pour Pallas, mise au monde d'Esculape, retiré du corps mort de sa mère — le disent à l'envi[1].

Vierge ou poète : le modèle de l'incarnation

L'incarnation, cette prise de chair du verbe, marque une coupure. Elle institue un avant et un après, que ce soit dans l'histoire de la création divine ou dans l'histoire de la création littéraire. Alain Chartier le dit dans *Le Livre de l'Esperance* dans les termes médiévaux de la théorie de la préfiguration :

> Sy est l'embuche desclose,
> Le signe cede a la chose
>
> Poésie XIII, vv. 33-34.

(Ce qui était caché est révélé. Le signe le cède à la chose.)

La représentation de la création littéraire au Moyen Age prend le modèle de l'incarnation, car elle n'ose adopter celui de la création du monde. Le poète ne se risque pas encore à se mettre à la place de Dieu, mais accepte de tenir, revendique même, la place d'une vierge. L'imagination littéraire procède alors en deux temps. Imagination de la concrétisation de la matière littéraire, qu'il soit question d'enclore un secret dans la matrice d'une vierge, dans le giron d'un poète ou dans l'espace d'un livre, car le livre est un lieu au Moyen Age, on lit *en* un livre. C'est le modèle de l'incarnation. Il y a un mystère de l'amour dans l'apparition de toute matière. Imagination de la production de l'œuvre elle-même. Le modèle alors est celui de la fabrication, modèle masculin de l'empreinte, de la taille ou de la forge. Le texte de *La Guerre de Metz en 1324* s'ouvre sur ces vers « tranchants » :

> Pour eschevir mirancolie
> Qui m'ait esteit souvent contraire,
> Une matiere ai entaillie
> Dont je volra plusieurs vers faire.
>
> Strophe I.

---

1. On se reportera à notre analyse dans « *Un engin si soutil* » *Guillaume de Machaut et l'écriture au* XIVe *siècle*, pp. 152-155.

> (Pour fuir la mélancolie qui m'a souvent été contraire, j'ai
> entamé une matière dont je voudrais faire plusieurs strophes.)

Ces différents modèles se trouvent illustrés, de manière ironique, dans *Le Traité de Geta et d'Amphitrion* d'Eustache Deschamps, *translatio* du *Geta* de Vital de Blois, écrit dans les années 1150-1160 et qui repose sur l'*Amphitryon* de Plaute. Le texte offre plusieurs degrés de parodie. La prise d'humanité de Jupiter et de son fils Archas est donnée comme une incarnation dérisoire :

> Tant est es dieux humilité
> Qu'ilz prindrent la mortalité
> Et devindrent, ou bel ou let,
> L'un seigneur, et l'autre varlet ;
> Le fil varlet, seigneur le pere,
> Si com je truis en la matere.

T. VIII, pièce 1494, vv. 57-62.

> (Il est tant d'humilité dans les dieux qu'ils prirent l'appa-
> rence de mortels et devinrent, beaux ou laids, l'un seigneur,
> l'autre valet ; le fils, valet, le père seigneur, ainsi que je le
> trouve dans la matière [la source].)

L'amour qui meut cette incarnation est un amour vil, un amour de ribaud, dit le texte. Un degré supplémentaire est franchi dans la désacralisation, quand l'activité délinquante de Geta (il est voleur) est présentée par le dieu qui a pris la place du valet, en ces termes :

> Une huche ouvry sans froissier
> N'a gueres.

Ibid., vv. 801-802.

> (J'ouvris une huche sans la briser, il n'y a guère de temps.)

Le mystère de l'incarnation, de cette lumière qui traverse la verrière sans la briser, est transposé dans le domaine du vol sans effraction, par le biais d'une ruse, d'une contrefaçon, une *sousclave*, une fausse clé. L'habileté technicienne tient lieu de miracle.

De même, on peut lire comme une annonciation dérisoire l'intervention de la mère charnelle de Christine de Pizan à la fin du *Chemin de Long Estude*. *Deus ex machina* trop séculier, la mère clôt par son arrivée le retour sur terre de sa fille, et sa sortie du rêve :

> Ja estoie bas desjuchee,
> Ce me sembloit, quant fus huchee
> De la mere qui me porta,
> Qu'a l'uis de ma chambre hurta
> Qui de tant gesir s'esmerveille,
> Car tart estoit, et je m'esveille.

> T. VIII, pièce 1494, vv. 6387-6392.

(J'étais déjà descendue [le long de l'échelle de Sibylle] à ce qu'il me semblait, quand je fus appelée par la mère qui me porta dans son sein. Elle frappa en effet à ma porte, étonnée de me voir tant rester au lit, car il était tard, et je m'éveille.)

La place de l'épisode dans l'économie du texte dit la parodie et la disqualification, en matière de savoir, de la mère de Christine aux yeux de sa fille. Cette mère représente l'opinion commune en ce que celle-ci a d'aléatoire, de dépendant de la *doxa,* de contraire à la raison et au droit. Pour Christine, qui suit en cela Aristote et saint Thomas, certitude d'opinion s'oppose à certitude de science et certitude de foi. Droiture énonce ce rejet de l'opinion et, par là même, la mise à l'écart de celle qui l'incarne, la mère de chair, qui veut sa fille occupée de « fillasses », de travaux d'aiguille, selon la formule du *Livre de la Cité des Dames* (p. 875). C'est la raison pour laquelle Christine gomme de sa généalogie sa mère réelle au profit de Nature dans *Le Livre de la Mutacion de Fortune.*

Dans *Le Traité de Geta et d'Amphitrion* d'Eustache Deschamps se trouve mimée, enfin, une fausse naissance. Geta, la forme, le serviteur logicien, fait sortir avec sa fourche Birrea, la matière, le serviteur paresseux qui a trouvé refuge dans une caverne, sorte de régression au ventre maternel :

> Lors de sa fourche fiert un pou
> En la caverne droit au trou ;
> Semblant fait de bouter avant,
> Et met son chaperon devant.

> *Ibid.,* vv. 423-426.

(Alors de son bâton fourchu, il frappe un peu en plein dans le trou de la caverne ; il donne l'impression d'enfoncer son bâton plus avant et met son chapeau devant l'orifice de la cavité.)

La scène d'accouplement et de naissance se dit en termes de chasse. On aura noté que le *chaperon* fonctionne comme ce qui s'appelle en langage cynégétique une bourse. Mais le texte cache, dans les dessins d'une tapisserie, la vraie naissance, celle d'Hercule, qui naît des œuvres de Jupiter. Ainsi, il est dit d'Alcmène :

> Lors fist les liz parer de soye,
> Les chambres tendre de draps d'or ;
> De haulte liche y ot encor
> Draps faiz de l'istoire de Troye,
> Mainte bataille et mainte proye
> Des faiz d'Erculès et Jason.

> *Ibid.*, vv. 68-73.

> (Alors elle fit parer les lits de soie et tendre les pièces de draps d'or. Il y avait encore des tentures de haute lisse faites sur l'histoire de Troie, et qui représentaient les batailles nombreuses et les nombreux butins liés aux prouesses d'Hercule et de Jason.)

La chambre, parée de « tapis d'œuvre sarrasinoise » (v. 75), où sera conçu le fils à naître, est déjà décorée de ses exploits. Conflagration ironique des temps, illustration visuelle de cette réflexion sur le paradoxe que propose le texte. Car le traité d'Eustache Deschamps dénonce l'excès de subtilité, les dévoiements de la logique, qui font perdre au sujet son identité. Le leitmotiv de Geta, dépossédé de lui-même par le dieu et désignant la voix autre, est : « Ce suy je qui a moy parole ! » (v. 554), « Ce suy je qui parole a my » (v. 598) (C'est moi-même qui me parle [...] C'est moi-même qui parle à moi). Dédoublement en écho où s'abîme l'être :

> Mais je ne sçay raison ne droit
> Pour quoy uns soit deux orendroit ;
> Car c'est chose toute commune :
> Toute chose qui est est une :
> Ne suy pas uns, dont suis je nient.
> Et ceste chose onques n'avient
> Que ce qui est perde son estre

> *Ibid.*, vv. 599-605.

> (Mais je ne connais ni raison ni droit par lesquels *un* soit *deux* désormais car c'est une opinion très partagée : toute

chose qui est, est une. Je ne suis pas un, donc je ne suis rien. Et cette chose n'est jamais encore arrivée que ce qui est perde son être.)

Ce qui s'articule dans la gorge des textes

La parole est dénoncée sous sa forme concrète de la langue, organe du corps et du langage. C'est la langue de Jupiter se dardant dans la bouche d'Alcmène qui trahit en lui le ribaud dans la scène du baiser :

> Et l'estraint en baisant ses dens,
> Li lance sa langue dedens,
> Cil qui semble a ses baisiers baux
> Qu'il soit uns estrange ribaux.
>
> *Ibid.*, vv. 187-190.

(Et celui qui semble par ses baisers audacieux être un débauché étranger l'étreint et en l'embrassant touche ses dents et lance sa langue à l'intérieur de la bouche d'Alcmène.)

La langue en tant qu'organe révèle en Jupiter le débauché. La parole habile dévoile le dieu en l'homme que croit étreindre Alcmène. La scène en effet se conclut par le passage brusque du plan de la langue à celui de la parole :

> Mais bien semble dieu de parole
>
> *Ibid.*, v. 191.

(Mais il semble bien un dieu en parole.)

En fait la double entente possible de la construction syntaxique met en abyme, à l'infini, la question de la vérité et de l'apparence. La parole du faux Amphitryon révèle-t-elle son essence : être Jupiter, ou désigne-t-elle en lui le trompeur, le dieu de parole ? La mise en cause de la parole, chez Eustache Deschamps, s'opère au profit de l'évidence des choses et d'un rapport direct à elles qu'illustrent Birrea et sa cuisine :

> Soit logicien qui voulra,
> Car Birrea homs demourra.
> A ceuls plaise leur estudie ;
> Ma cuisine a moy, quoy qu'om die,
> Me plaist et la gresse du pot ;
> De logique ne serait sot,

Qui ainsi les gens entortille ;
Telle science est trop soutille.

Ibid., vv. 951-958.

(Soit logicien qui voudra car Birrea demeurera un homme.
Qu'à ceux-là plaise leur étude. Ma cuisine à moi, quoi qu'on
en dise, me plaît ainsi que la graisse du pot. Je ne serai pas
assoté par la logique qui entortille ainsi les gens. Cette science
est trop subtile.)

On retrouve l'image de la graisse du pot avancée par Guillaume de
Machaut. On assiste à une régression aux sens primaires. On n'en
croit plus ses yeux ni ses oreilles mais son toucher et son goût. Dans
les scènes d'incarnation imagées par la capture de la licorne, c'est
l'odorat de cette dernière (ni les yeux, ni l'ouïe) qui l'attire auprès de
la vierge, l'odeur de sainteté en quelque sorte. Geta cherche des
preuves de son existence dans le toucher :

Adonc se touche de sa main,
Je ne croiray huy ne demain,
Dist il, que noient devenu
Soit ce qui puet estre tenu.

Ibid., vv. 847-850.

(Alors il se touche de sa main, je ne croirai ni aujourd'hui ni
demain, dit-il, que soit devenu rien ce qui peut être tenu.)

La langue quitte la parole pour le goût, la saveur des choses. Le mot
de la fin est dans la bouche de Birrea :

Oez ce que je determine :
Je m'en riray en ma cuisine,
Et Amphitrion voist esbatre
Avec ma dame sanz debatre,
Si com il faisoit par avant ;
Et Geta soit homs com devant !

Ibid., vv. 1097-1102.

(Ecoutez ce que je décide : je m'en retournerai dans ma
cuisine [je m'en retournerai, mais aussi j'en rirai quant à moi,
dans ma cuisine] et qu'Amphitryon aille s'amuser avec ma
dame sans débat [des ebats, donc, non des débats], comme il
le faisait auparavant [mais précisément ce n'était pas lui qui

85

jouissait auparavant d'Alcmène] ; et que Geta soit homme
comme il l'était !)

En contraste avec l'exaltation de la logique dont témoigne au
XIVᵉ siècle l'œuvre de Guillaume d'Occam, on assiste ainsi à des
retours à la matière, à la chose, dont le modèle est à lire dans les
langues coupées que nous offre cette littérature. Langue coupée de
Philomena, des paysans torturés, des saintes et saints martyrisés.
Comment faire rentrer la parole dans la gorge, dans ce giron second,
et qu'entend-on une fois la langue coupée ? Le son élémentaire, le
balbutiement premier d'un retour aux origines, le *b a ba*, en quelque
sorte. Ainsi de ce valet auquel Wistace le Moine tranche la langue :

> Dont commencha a barbeter.
> Dist li quens : « Dyables ! C'as tu ? »
> Et cil a dit : « Belu, belu, »
> Qui la langue avoit trenchie.

> *Li Romans de Witasse le Moine*
> vv. 649-652.

(Il commence alors à balbutier. Le comte dit : « Diable !
Qu'as-tu ? » Et celui qui avait la langue tranchée lui a
répondu : « Belu, belu. »)

Mais l'on peut entendre aussi, c'est le propre du miracle, la parole
claire, la parole première d'adoration et de jubilation. C'est ce qui se
produit dans le cas de Longin dont on peut lire le martyre dans *La
Légende dorée* de Jacques de Voragine, dans celui de saint Léger et
dans le miracle de sainte Christine tel que le rapporte Christine de
Pizan, en contrepoint final de sa scène d'aombrement. Des anges
nourriciers apparaissent par deux fois à sainte Christine dans son
obscure prison :

> Et si comme elle estoit la, pensant aux tres grans
> misteres de Dieu, trois anges vindrent a elle a tout
> grant lumiere et luy apporterent a mengier et la
> reconforterent. [...] Et pource que elle sans cesse
> nommoit le nom de Jhesu Crist, il luy fist coupper
> la langue ; mais mieulx que devant et plus cler
> parloit adès des choses divines et beneyssoit Dieu,
> en le regraciant des benefices que il luy donnoit.

> *Le Livre de la Cité des Dames,*
> IIIe partie, chap. 10, pp. 1004 et 1008.

> (Et alors qu'elle était là, pensant aux très grands mystères de
> Dieu, trois anges vinrent à elle dans une très grande lumière et
> lui apportèrent à manger et la réconfortèrent [...] Et parce
> qu'elle nommait sans cesse le nom de Jésus-Christ, il [son
> troisième juge : Julien] lui fit couper la langue, mais mieux
> encore qu'auparavant et de manière plus claire, elle parlait
> sans cesse des choses divines et bénissait Dieu en le remer-
> ciant des bienfaits qu'il lui donnait.)

La langue coupée peut amener enfin la naissance d'autre chose que
le borborygme ou la parole miraculeuse, quelque chose qui ne se
donne plus à entendre mais à lire comme un texte. C'est le cas de
Philomena et de son œuvre tissée dans l'*Ovide moralisé :*

> Et comance par grant estuide
> S'uevre tel come il li sist. [...]
> Tot ot escrit an la cortine.
> T. II, livre VI, vv. 3322-3323
>   et 3347.

> (Et elle commence avec une grande application son œuvre
> ainsi que cela lui convenait. [...] Elle avait tout écrit sur la
> tenture.)

Un phénomène est à remarquer. Plusieurs de nos textes se préoc-
cupent de noter à quelle distance de la racine la langue a été coupée.
Ainsi dans *Philomena :*

> La langue li tret de la gole,
> S'an tranche pres de la meitié
> *Ibid.,* vv. 3070-3071.

> (Il lui arrache la langue de la gorge et en coupe près de la
> moitié.)

et chez Christine de Pizan :

> Et le faulx Julien, qui ceste voix ot ouye, blasma les
> bourriaulx et leur dist que ilz n'avoyent pas assez
> pres couppee la langue de Christine ; si luy
> couppassent si pres que tant ne peust parler a son
> Crist. Si luy errachierent hors la langue et luy

coupperent jusques au gavion. Et celle cracha le
couppon de sa langue au visaige du tirant et luy en
creva l'ueil. Et luy dist aussi sainement que oncques
mais : « [...] Et pource que tu ne congnois ma
parolle, c'est bien raison que ma langue t'ait
aveuglé ».

IIIᵉ partie, chap. 10, § 283, p. 1009.

(Et le traître Julien qui entendit cette voix blâma les bour-
reaux et leur dit qu'ils n'avaient pas assez près coupé la langue
de Christine ; qu'ils la lui coupassent si près qu'elle ne pût tant
parler à son Christ. Ils lui arrachèrent la langue et la lui
coupèrent jusqu'à la luette. Et elle cracha le morceau de sa
langue au visage du tortionnaire et lui en creva l'œil. Et lui dit
aussi naturellement que jamais : « Et parce que tu ne
reconnais pas la vérité de ma parole, il est bien juste que ma
langue t'ait aveuglé. »)

L'organe matériel venu des ténèbres du corps ôte la lumière d'un œil
qui, en fait, ne voyait pas, car il méconnaissait le Christ, l'incarnation.
Aveugler alors cet œil, c'est le faire accéder à la vérité de son
ignorance. A l'inverse, mais pour une démonstration identique de la
puissance divine, le sang coulant du flanc du Christ rend la vue
matérielle à Longin et le fait accéder à une vue et une vie spirituelles.
Dessillement des yeux, arrachement à l'erreur.

L'organe de la langue s'offre comme l'image possible d'une filiation que l'on peut couper plus ou moins près de sa racine, comme si la
langue, glaive tranchant susceptible d'être châtré, établissait un
rapport non plus à la mère mais au père. Rapport au latin dans le cas
de *Philomena*, latin qui est la langue de l'autorité, du père symbolique,
rapport au Christ dans le cas de Christine. Du giron à la gorge, on est
passé du rude au subtil, de ce qui ne pouvait ni se couper ni se dire, à
ce qui s'articule, de l'ombre au nombre et au nom.

La matière des poètes

Les *poètes* du XIVe siècle, Guillaume de Machaut, Christine de Pizan, ont réfléchi sur les modèles de naissance de la matière : modèle christique, naissance par incarnation, miracle de l'amour, d'une part ; modèle qu'offre la naissance de l'antéchrist, naissance sans mère, par coupure, incision, extraction de la matrice d'une mère morte, d'autre part. De manière moins ambitieuse, ils se sont intéressés également, et d'autres avec eux, aux moyens de renouveler une matière existante. Deux voies ont été explorées simultanément : la modification de schémas prégnants ; la substitution de thèmes nouveaux dans des moules déjà constitués.

Du duel à la triade : Armes et Amours et... compilations

On se mit à traduire en français, au XIVe siècle pour des raisons politiques, stratégiques, *pour les armes,* mais l'on avait écrit en français, bien avant, pour des raisons amoureuses, *pour les dames.* Dante le rappelle dans la *Vita Nova* (XXV, 6) : « Et le premier qui commença à rimer comme poète vulgaire prit ce parti parce qu'il voulut faire entendre ses paroles à une dame, à qui il n'était mie aisé d'entendre les vers latins. » *Armes et Amours,* c'est sous cette double enseigne qu'a voulu se placer le XIVe siècle, dans le maintien héroïque d'une attitude qui avait été celle des chevaliers du XIIe siècle. Thésauriser, maintenir, tel est le leitmotiv de l'époque et telle a été la raison de la création de la Cour amoureuse, et sa fonction.

Arma virumque cano, « je chante les armes et le héros », proclamait Virgile en ouverture de l'*Enéide*. Les armes et l'amour sont les deux matières qu'on chante encore dans les cours au XIVe siècle et qu'on chante, le plus souvent, conjointement. Jean de Condé, sous la forme du récit d'un mythe inventé, rappelle l'origine de cet accord. Il imagine dans son *Recors d'Armes et d'Amours* une convention conclue, bien avant les sièges de Thèbes et de Troie, entre Mars et Vénus :

> Or sont il. ij. mestier ensanle
> Et bien aviennent, ce me sanle, [...]
> Quel sont il ? D'armes et d'amours.
> Si doit on pour vaillant tenir
> Qui à droit les voet maintenir,
> Car ensanle sont biel et gent.
>
> *Dits et Contes*, t. II, p. 97, vv. 1-7.

(Il y a deux métiers qui vont bien ensemble à ce qu'il me semble [...] Quels sont-ils ? Les armes et l'amour. On doit tenir pour plein de valeur celui qui, à juste titre, veut les maintenir, car, ensemble, ils sont beaux et nobles.)

Cet accord présenté sur le mode d'un récit mythique par Jean de Condé est évoqué par son contemporain et compatriote Watriquet de Couvin à l'aide d'une figure allégorique. Le XIVe siècle en effet expéri mente par prédilection ces deux modes d'exposition : l'histoire, l'image. Au cours d'une vision qu'il a en songe le jour de l'Ascension 1319, apparaît à l'auteur un monstre à deux têtes mais qui n'a que deux pieds, une femme double qui parle « à voix de seraine » et qui déclare : « Nous sommes Armes et Amours. » Que font ces sœurs siamoises ? Elles gardent au Paradis un siège vide : celui de qui a su unir chevalerie et courtoisie, Artus de Bretaigne. Mais le roi Arthur est mort, cinq cents ans après la mort du Christ, objecte le rêveur. Pourquoi le siège est-il vide ? C'est que le roi Arthur, en fait, n'est pas mort, affirme le monstre féminin :

> Tant que sire Charles durer
> De Valois au siecle pourra,
> Li bons rois Artus ne morra.
>
> *Li dis des .IIII. sieges*
> in *Dits de Watriquet de Couvin*,
> vv. 202-204.

(Tant qu'au monde vivra le seigneur Charles de Valois, le bon roi Arthur ne mourra pas.)

Charles de Valois, par qui le roi Arthur perdure, selon Watriquet, qui maintient Armes et Amours, est le frère de Philippe le Bel et le parent de Gui de Blois, protecteur du ménestrel. Telle est la façon de faire sa cour à l'époque. Mais Watriquet avoue aussi obliquement :

> Tiex aime amer qui het combatre,
> Ch'avient en cest monde souvent
>
> *Ibid.*, vv. 155-156.

> (Tel aime l'amour qui hait la guerre, cela arrive en ce monde aujourd'hui souvent.)

Les valeurs anciennes sont en danger. Elles le sont de plusieurs manières, minées par les conduites des nobles eux-mêmes, convoitées par d'autres couches sociales. Mais abandonnées parfois dans les pratiques, elles continuent à être proclamées. Les auteurs attachés à des cours le savent bien qui, s'ils choisissent une autre matière que la dyade Armes et Amours, ont la claire conscience d'adopter une position marginale, voire transgressive, par rapport à la demande de leur public chevaleresque. C'est le sentiment qu'affiche Watriquet de Couvin à l'ouverture de son *Despit du monde,* poème moral :

> Dit vous ai d'armes et d'amours,
> Or vous commencerai aillours,
> Mais qu'il ne vous veulle desplaire.
>
> *Dits de Watriquet de Couvin,* p. 155, vv. 1-3.

> (Je vous ai conté d'armes et d'amours. Je vais commencer maintenant sur un autre sujet [*aillours* est le signe de ce décentrement], mais que cela puisse ne pas vous déplaire.)

Un ménestrel n'est pas dans une cour pour prêcher. A d'autres revient cet office. Mais sans renier la matière chevaleresque et amoureuse, les auteurs du XIVe siècle expérimentent un moyen de la faire évoluer : adjoindre au couple Armes et Amours un troisième terme qui modifie l'équilibre de l'ensemble. C'est le jeu subtil auquel se livre Guillaume de Machaut. Il propose les formules suivantes. Dans le *Voir Dit :*

> Armes, dames et conscience
>
> Lettre X de l'amant, p. 68.

Dans *Le Remede de Fortune* :

> Armes, amours, autre art ou lettre
>
> *Œuvres*, t. II, v. 40.

L'important, structuralement, est l'éclatement du schéma binaire et l'apparition d'un troisième terme, ou d'une série de tiers, qui ne se laissent pas ramener à l'un des pôles existants. Le significatif, sémantiquement, est l'introduction, dans le couple canonique, du livre, de la littérature, de la réflexivité. La substitution possible du livre, aux armes et à l'amour, s'opère en accord avec la théorie des âges, moule de pensée à l'époque. On imagine, dans les termes de cette théorie, sa vie individuelle. On lit avec cette grille les œuvres littéraires. C'est le cas, pour *Le Roman de la Rose,* de l'opposition de sa première à sa seconde partie. On pense ainsi globalement le siècle, lui attribuant tous les traits du vieillard : l'avarice — c'est le goût en littérature de la thésaurisation — mais aussi l'amour des livres en tant que substitut à l'amour des femmes, que l'âge a rendu impossible. Au temps de la jeunesse, donc, reviennent les armes (guerre ou chasse) et l'amour, plaisirs du veneur et de Vénus, selon l'étymologie que propose de cette dernière Guillaume de Digulleville. A la vieillesse, réelle ou induite de la mort de la personne aimée, appartiennent le livre et l'écriture, et pour certains une forme de sagesse. Jean de Courcy (né en 1360) pense ainsi explicitement sa vie. Il écrit dans le prologue de sa compilation d'histoire ancienne qu'il intitule, en référence à son nom, *La Bouquechardière* (il est seigneur de Bourg-Achard en Normandie) :

> Moy, Jehan de Courcy, chevalier normant, plain de jours et vuydie de jeunesse [...] ay commencé compilacions [...] par ce que mon pouoir n'a pas esté si fort que j'aye peu mon corps exposer ou fait de la guerre[1].
>
> (Moi, Jean de Courcy, chevalier normand, chargé de jours et allégé de ma jeunesse [...], j'ai commencé des compilations [...] parce que je n'ai pas eu assez de force pour exposer mon corps à la guerre.)

---

1. Ms. Paris, Bibliothèque nationale, fonds français 329, f° 3.

Il précise dans une œuvre ultérieure, grosse d'environ quarante mille vers, *Le Chemin de Vaillance* :

> Moy Jehan de Courcy, qui traittié
> Ay en viel aage ce traittié, [...]
> En mon an soixante sixieme[1].

(Moi, Jean de Courcy, qui ai composé dans ma vieillesse ce traité, à l'âge de soixante-six ans.)

C'est le schéma de la carrière d'Antoine de La Sale (né autour de 1386), qui, homme d'armes jusqu'à cinquante ans, se met alors à écrire des œuvres de compilation qu'il rassemble, lui aussi, sous le signe de son nom : *La Salade, La Sale*. Il les compose pour l'enseignement des fils de ses protecteurs ; *La Salade* pour Jean de Calabre, fils de René d'Anjou, *La Sale* pour les trois fils de Louis de Luxembourg. La production littéraire d'un Pétrarque, d'un Charles d'Orléans, s'organise selon une telle partition. Au livre de jeunesse s'oppose le livre de vieillesse. De cette idée, Charles V fait une politique : remplacer le pouvoir des armes par celui de la langue et des livres.

Le renouvellement induit par un tel déplacement est patent. Des lieux, des saisons, des objets se substituent à d'autres comme motifs topiques, ou plus subtilement les encadrent, les décentrent. La lande incertaine remplace le verger d'amour ; l'automne, le printemps ; le lit conjugal, lieu d'un débat sérieux entre époux, comme c'est le cas dans *Le Reconfort de Madame de Fresne* d'Antoine de La Sale, voire le lit de l'agonisant rédigeant son testament, repoussent dans l'ombre le lit de l'amour. Ce dernier mettra quelques siècles encore avant d'élire sa place dans l'alcôve.

La littérature du XIVe siècle, jouant de manière positive avec le second degré, cette lecture seconde qu'elle ressent pourtant comme une de ses limites, explore les entrées en texte détournées ou retardées. Ainsi, c'est en automne que s'ouvre *Le Jugement dou Roy de Navarre* de Guillaume de Machaut : « Au departir dou bel esté » (v. 1). Le poète s'enferme dans sa chambre en proie à la mélancolie. Il médite sur les changements mauvais. L'harmonie des rapports familiaux est abolie :

---

1. Ms. British Museum, 14 E. II. (French text), f° 294 r° b.

> ... car je ne voy pere,
> Fil, ne fille, ne suer ne frere,
> Mere, marrastre, ne cousine,
> Tante, oncle, voisin, ne voisine,
> Mari, mouillier, amy, n'amie
> Que li uns l'autre ne cunchie.

Œuvres, t. I, vv. 53-58.

(car je ne vois père, fils ni fille, sœur ni frère, mère, belle-mère, cousine, tante, oncle, voisin ni voisine, mari, femme, ami ni amie, qui ne se couvrent réciproquement de boue.)

L'avarice règne. A la folie des hommes répond la folie du monde, signe de la colère de Dieu :

> Car il sambloit que decliner
> Vosist li mondes et finer

vv. 305-306.

(Car il semblait que le monde voulût tendre à sa fin)

Ce tableau n'est pas un hors-d'œuvre. Il met en perspective le débat de casuistique amoureuse, qui n'intervient qu'une fois le printemps revenu, et la peste et son cortège de malheurs, éloignés. Le *topos* du renouveau trouve par là même son sens fort. Le débat retardé, ainsi mis en scène, reprend celui exposé, de manière directe, dans *Le Jugement dou Roy de Behaingne*. Le texte s'ouvrait alors, canoniquement, sur le vers « Au temps pascour que toute riens s'esgaie » (v. 1), écho, lui-même de la tradition lyrique et plus précisément, me semble-t-il, de l'incipit d'une pièce de Bernard de Ventadour : « Lo gens tems de pascor / ab la frescha verdor » (pièce XVII, vv. 1-2). Qui souffre le plus, d'une dame dont l'amant meurt, ou d'un amant trompé par son amie ? En d'autres termes, qui a le plus de peine en amour, de l'homme ou de la femme ? *Le Jugement dou Roy de Navarre* répond au *Jugement dou Roy de Behaingne*. Autotextualité qui dit le sens qu'il y a à repenser en 1349 un vieux débat.

De la même manière, dans *Le Livre du dit de Poissy*, Christine de Pizan décentre la question topique, qui prend chez elle la forme suivante : qui est le plus malheureux, la dame dont l'amant est prisonnier des Turcs, ou l'écuyer qu'a éconduit sa dame ? La référence historique, qui fonctionne comme ancrage, a pénétré à l'intérieur du débat. L'ouverture chez Christine est certes printanière. Herbe verte, chant des oiseaux, douce matinée y composent un tableau harmonieux. Elle n'annonce pas pourtant une scène amoureuse mais le désir d'une mère de rendre visite à sa fille, religieuse. Le *topos* printanier est détourné de sa fonction ordinaire, subtile translation, voulue par Christine, d'un amour à l'autre, de même que le débat, décentré, voit son sens relativisé.

Guillaume de Machaut, dans *La Fonteinne amoureuse,* produit un autre type de déplacement. Il commence son dit par une scène de nuit (et non au *matinet*), mais d'une nuit qui n'enfante pas un songe. Le poète dans un état de demi-sommeil (la *dorveille*) capte à travers une paroi la complainte d'un amant, qu'il transcrit. Le songe attendu est décalé. Il aura lieu le lendemain, non de nuit, mais de jour, non dans un lieu clos, une chambre, mais dans un parc, non induit par une mélancolie psychique mais par la fatigue physiologique d'une nuit de veille.

Jeu avec la topique. L'écriture du XIVe siècle, évitant l'ennui de la répétition, fait désirer une matière attendue et, par là même, la renouvelle. Formellement, en modifiant l'économie narrative ou topique de ces lieux et de ces schèmes espérés. Idéologiquement, en les rééquilibrant, ou en les déséquilibrant, par un propos qui les encadre, un contexte nouveau. Travail de montage qui met en œuvre le différé, joue avec le désir. Ecriture au sens propre. Rêverie mélancolique des départs retardés, exploration, joyeuse ou triste, de la question du point de vue.

Quoi de nouveau sous le soleil clair ?

Le XIVe siècle renouvelle la matière par déplacement. Il la régénère aussi par substitution. A la fin du XIIe siècle, Jean Bodel, dans sa *Chanson des Saisnes,* avait répertorié trois champs possibles de récits. Il les avait classés en fonction de leur degré de vérité et d'utilité :

> Li conte de Bretaigne si sont vain et plaisant,
> Et cil de Ronme sage et de sens aprendant,
> Cil de France sont voir chascun jour aparant.
>
> vv. 9-11.

(Les contes de Bretagne sont frivoles et agréables et ceux de
Rome sages et instructifs, ceux de France sont vrais, comme il
apparaît chaque jour.)

L'inventaire est différent quand Jean Le Fèvre l'établit en 1376 au
début de son *Respit de la Mort.* Ce dernier part de la constatation,
commune à tous ses contemporains :

> Soubz le soleil n'est rien nouvel
>
> v. 11.

(Rien de nouveau sous le soleil.)

Désenchantement, crise de la matière, pessimisme. Il dresse alors le
bilan, de manière négative, de toutes les matières qu'il ne traitera pas.
L'approche, sous le signe du refus, est en elle-même symptomatique :

> ... Pour acquerir gloire,
> je ne voeil pas traitier d'amours
> ne d'armez, ne faire clamours
> de Fortune ne de sa roe
> [...]
> Soubz le solcil n'est rien nouvel,
> ne de Renart ne de Louvel.
>
> vv. 4-7 et 11-12.

(Pour acquérir de la gloire, je ne veux pas traiter d'amour ni
d'armes, ni composer des plaintes sur Fortune et sa roue [...].
Il n'y a rien de nouveau sous le soleil, ni quant à Renard ni
quant au Loup.)

Jean Le Fèvre répudie donc la matière lyrique *(amours)*, la matière
épique *(armes)*, la matière didactique même, qu'elle soit allégorique
(Fortune) ou se présente sous la forme de la fable. Un seul sujet vaut la
peine qu'on s'y consacre : la mort.

> J'ay asséz aillieurs a entendre
> a ce qui revertist en cendre.
>
> vv. 9-10.

(J'ai assez à m'occuper ailleurs de ce qui retourne à la
cendre.)

Aillieurs. L'adverbe caractérise la position de décalage de tous ces écrivains par rapport à leur sujet : de côté, en retrait, en recul. Elle définit leur regard, leur place structurale. Nous l'avons notée chez Watriquet de Couvin, elle est chez Jean Le Fèvre, elle devient la définition même de la femme, de la veuve et de l'écrivain chez Christine de Pizan. Poétique non plus de la joie, de l'adhésion, mais de la tristesse :

> mon enque destempay de larmes
>
> v. 54.

(je délayai mon encre de mes larmes)

note Jean Le Fèvre. Charles d'Orléans trempe sa plume dans « l'eaue d'Espoir » devenue bitumineuse sous l'effet de la mélancolie :

> D'elle trempe mon ancre d'estudie
>
> *Poésies,* t. II, rondeau 325
>
> pp. 477-478

Le moteur de l'amour ne fonctionnant plus, la « matere fault », la matière manque, ainsi que le constate Guillaume de Machaut dans le *Voir Dit.* L'amant-poète se plaint à sa dame après sa première crise de doute quant à la fidélité de cette dernière :

> Mais puis que matere me fault, il me convient laissier œuvre
>
> Lettre XXX de l'amant, p. 238.

(Mais puisque la matière me manque, il me convient d'abandonner l'œuvre.)

Lors de la seconde attaque, il renchérit :

> Et certes je ne fis rien en vostre livre puis Pasques, et pour ceste cause ; ne ne pense a faire puis que matere me faut.
>
> Lettre XLII de l'amant, p. 342.

(Et certes, je ne travaillai pas à votre livre depuis Pâques, et pour cette raison ; et je ne pense pas y travailler puisque la matière me manque.)

La matière sans amour, sans *fin amour,* devient un martyre. La rime *matyre-martyre* est chez Guillaume de Machaut. On lit dans *La*

Fonteinne amoureuse, dans le *confort* que la dame apporte en songe à son amant :

> Mais qui autre mercy desire
> Et qui dit qu'il pleure et soupire,
> Dont il le couvient a martyre
>   Vivre et manoir,
> Il a tort et assés s'empire.
> Venus scet bien ceste matyre.
>
> *Œuvres,* t. III, vv. 2335-2340.

(Mais celui qui désire une autre grâce [que celle de bonne espérance] et qui dit qu'il pleure et soupire, par quoi il lui convient vivre et demeurer dans l'état d'un martyr, a tort et aggrave beaucoup son cas. Vénus connaît bien cette matière.)

Il ne faut pas envisager d'autre amour que courtois. La rime devient vite obsédante, le martyre ayant attiré dans son phonétisme la matière. Elle est chez Jean Froissart dans *La Prison amoureuse.* La dame affirme dans un virelai :

> Dont j'ai bien matire
> De dolour et de martire
>
> vv. 3213-3214.

(J'en ai bien matière de douleur et de martyre.)

Si la dame alors ne peut plus être l'objet de cet amour d'espérance, si les conduites démentent le rêve, une autre dame se substitue à la femme aimée : la Vierge.

> S'en vueil une autre acointier
> Qui joie pleniere
> M'otriera de ligier
>
> *Poésies lyriques,* lai XVI, vv. 9-11.

(Je veux donc me lier à une autre qui m'accordera légèrement joie entière)

chante Guillaume de Machaut dans *Le Lay de la Fonteinne.*

De la Vierge sacrée un son nouvel

Depuis le XIIIe siècle, la poésie mariale constitue un courant fort de renouveau de la matière amoureuse. Gautier de Coinci l'enseigne dans *Les Miracles de Nostre Dame,* il faut abandonner la vieille poésie d'amour pour que le chant jaillisse régénéré :

> Chant Robins des robardeles,
> Chant li sos des sotes,
> Mais tu, clers qui chantez d'eles,
> Certes tu rasotes !
> Laissons ces viés pastoreles,
> Ces vielles riotes ;
> Si chantons chançons noveles,
> Biaux dis, beles notes
> De la fleur
> Dont sanz sejor
> Chantent angeles nuit et jor.
>
> T. III, p. 293, vv. 39-49.

(Que Robin chante des robinades pour les femmes coquettes, que le sot chante de sottes chansons pour les sottes, mais toi, clerc, qui chantes des femmes, en vérité, tu perds la tête ! Laissons ces vieilles pastourelles, ces vieux débats ; chantons des chansons nouvelles, de beaux dits, de beaux chants sur la fleur dont sans repos les anges chantent nuit et jour.)

La nouvelle matière, la douce matière est l'unique mère : la Vierge. Là encore la rime mère/matière est un indice et un ressort de cette poésie nouvelle. Greffant un refrain profane dans son chant, Gautier de Coinci illustre ce renouveau par *contrafactum,* par déplacement.

> Chascun an fas de la virge sacree
> Un son nouvel, dont tout l'an me solas.
> Dire puet bien qui a s'amor bien bee :
> « Vous ne sentez mie
> Les dous maus d'amer
> Aussi com je fas. »
>
> T. III, p. 297, vv. 5-10.

(Chaque année, je fais de la vierge sacrée un chant nouveau qui me console toute l'année. Il peut bien dire celui qui désire son amour : « Vous ne sentez pas les doux maux d'amour ainsi que je le fais. »)

De même que l'annonce faite à Marie a renouvelé l'humanité, de même la Vierge renouvelle la poésie. *Ave* a racheté *Eva*, « Ce nous renouvelle », lit-on dans *Le Lay de Nostre Dame* de Guillaume de Machaut (*Poésies lyriques,* lai XV, v. 44).

Mais il est d'autres régénérescences et d'autres substituts. La ville est au XIVᵉ siècle un ressort d'amour puissant et, partant, pour les poètes, un moteur d'écriture.

Une pensée de la ville

La ville est à chanter et à écrire parce qu'elle est femme et, comme telle, la matière même de la poésie. Femme, la ville est prise dans la tension de l'éloge et du blâme, lieu de toutes les tentations et de tous les excès mais aussi de tous les plaisirs et de tous les bienfaits. Jérusalem et Babylone, Eve et Marie. Ainsi Avignon est Babylone pour François Pétrarque, la grande prostituée, la femme vêtue d'écarlate de l'*Apocalypse* 17 (lettre X à Francesco Nelli dans *Lettere polemiche e politiche*). Mais la ville, comme la femme, est aussi un texte et un texte de poésie. Elle l'est, tout d'abord, quant au genre qu'elle suscite. L'adieu à la femme dans la poésie lyrique du XIIᵉ siècle avait donné naissance au genre de l'aube. L'adieu à la ville crée celui du congé, sous sa forme arrageoise au XIIIᵉ siècle, dans des formes plus diversifiées, quant à leur objet, au XIVᵉ siècle. Chez Eustache Deschamps : adieu à Paris, à Reims, à Troyes, à Bruxelles. Dans de tels inventaires se dessine la sensualité d'une époque. On voit s'y mêler les plaisirs de l'amour et de la cuisine, de la langue et de la parole. Eustache Deschamps fait chanter à une « fillette » son « bon cul de Paris ». Autoportrait au miroir d'une jeune prostituée qui vante ses charmes : « Sui je, sui je, sui je belle ? » (pièce 554, t. IV). François Villon, dans *Le Testament*, fait l'éloge de la parole parisienne par le refrain : « Il n'est bon bec que de Paris » (v. 1522). Poésie des cris de la ville. Equivoque érotique des *connins* qu'Eustache Deschamps quitte à regret :

> Connins, plouviers et capons et fesans
>
> T. IV, rondeau 552.

(Lapins, plouviers et chapons et faisans)

Adieu connins, perdriz que je reclaims

T. V, ballade 871.

(Adieu lapins, perdrix que je réclame)

Le calembour est ancien. Mais le réseau métaphorique a changé, de la chasse aux *connins* du *Roman de la Rose* (t. II, v. 15110) à l'« amoureuse cuisine » des xive et xve siècles. La formule est au refrain d'un rondeau de Charles d'Orléans (t. II, rondeau 283). On est passé de l'espace chevaleresque de la chasse à l'imaginaire « bourgeois » de la cuisine, d'un lieu ouvert à un lieu clos, de la tension d'un désir à la tentation d'un plaisir.

Le nom même de la ville devient un moule phonique de renouvellement poétique, comme le nom de la femme. On en a un très bel exemple dans une pièce attribuée à Eustache Deschamps : *Paris ethimologié* (*Œuvres complètes*, t. X, n° 75, pp. 83-85). Chaque strophe commence par une lettre du nom de Paris :

Par plusieurs poins peut Paris precellence

(En plusieurs points, Paris peut avoir la précellence.)

Le nom de Paris s'écrit à la fois en toutes lettres et dans tous les sens, horizontal, vertical, tautogramme généralisé. Il s'inclut ou s'enclôt dans des mots-écrins : *Paradis, Saphir, Séraphin.* « Rhétorique ravie », « subtilité semée », nous dit le poète. Eustache, si c'est bien lui, ou son imitateur, sème le nom de Paris et, de cette semence, naît un style de poésie. Celui-ci est fondé sur le nombre, l'abondance (*mille* est avec *subtille* et l'adjectif *ville,* au sens de bas, une des rimes clés du mot *ville* à l'époque). L'ivresse de la ville s'inscrit dans le style énumératif, dans l'ivresse de l'inventaire. Répétitions de mots, mais aussi de phonèmes qui donnent l'image, dans les séries engendrées, des tensions propres à la ville. Le *p* initial de Paris est la source du *Paris sans per* (la formule apparaît à l'origine pour le héros Pâris), mais aussi des *perdriz* et des *petits pastez.*

La ville enfin est un texte parce qu'elle est une mémoire. Par son nom. C'est la question, importante, des origines, des filiations, des pères et des généalogies que l'on s'invente : Pâris pour Paris, Remus pour Reims. Par ses monuments et les traces qu'ils portent auxquels on devient sensible. Qu'on pense à Jean Froissart. Par son histoire. Le

thème de l'*Ubi sunt* vaut pour la ville comme il vaut pour la femme :
où sont Troye, Babiloine, Ylion, Nynive, Rome, demande Eustache
Deschamps ? Disparues peut-être dans leurs pierres ou dans leur
splendeur, mais présentes dans la mémoire et dans l'écriture. La ville
est pour l'homme une descendance que crée sa subtilité, son art, et
qui peut seconder la descendance naturelle. Christine de Pizan
rapporte ainsi les paroles d'Epaminondas à l'instant de sa mort :

> Je ne meure pas sans hoir, car je vous laisse deux
> filles que je vous ay engendrees ; et ce vouloit il dire
> deux nobles cités qu'il avoit acquises car il n'avoit
> nuls hoirs de son corps. Si entendoit que par ces
> deux cités conquestees demorast la memoire de lui
> si comme fait par les enfans des peres.

> *Le Livre du Corps de Policie,* p. 40.

> (Je ne meurs pas sans héritier car je vous laisse deux filles
> que je vous ai engendrées ; et il voulait dire par là deux nobles
> cités qu'il avait conquises car il n'avait pas d'héritier de sa
> chair. Il voulait que par ces deux cités conquises demeurât sa
> mémoire ainsi qu'il en va de la mémoire des pères à travers
> leurs enfants.)

De la même manière chez Eustache Deschamps, la réflexion sur la
ville va de pair avec une réflexion sur la langue (à tous les sens du
terme) et sur l'écriture. L'envoi de la pièce *Paris ethimologié* conclut
ainsi :

> Vous qui voiés Paris *auctorizé*
> En cinq letres contraintes a loy dure

> T. X, n° 75, vv. 56-57.

> (Vous qui voyez Paris revêtu d'autorité par cinq lettres
> contraintes par une dure loi.)

La ville devient un auteur et une autorité.

Il existe au XIVe siècle un modèle urbain du texte, non plus seulement dans son sujet, son thème, mais par son organisation même. Le
dit, en effet, ne fonde plus uniquement sa composition sur la ligne,
ligne du récit, de l'aventure, mais sur la fragmentation. Labyrinthe
(pour Pétrarque, Avignon est un labyrinthe doré), palais où l'on se
perd et où l'on se retrouve, palais qui cache des monstres et recèle des
trésors. Dédale et Minotaure.

On est passé de la forêt, antithétique du livre et de sa culture (pensons à toutes les mises en garde des moines, celles de Pierre de Celles, de saint Bernard : « Fuyez du milieu de Babylone, fuyez et sauvez vos âmes »), à l'exaltation du livre dans les villes, on est passé du *liber* au livre par la libation. La ville est le lieu de la taverne et Pétrarque lit *avinio* dans Avignon. Même ce dernier, qui développe un goût pour une forme de vie solitaire, reconnaît l'importance de la ville et de son savoir :

> Il m'est, dans toute ma vie, rarement arrivé, lorsque j'étais en bonne santé, de laisser passer un jour de loisir, sans lire, écrire, méditer sur les lettres, écouter des lectures ou interroger ceux qui se taisaient, et je n'ai pas seulement cherché le savoir chez des hommes mais dans des villes pour en revenir plus docte et meilleur : ce fut d'abord Montpellier, parce que dans les années de mon enfance, j'habitais plus près de cet endroit, bientôt Bologne, puis Toulouse et Paris, Padoue et Naples[1].
>
> *De ignorantia.*

Une nouvelle matière se fait jour au XVe siècle, une matière qui s'inaugure chez celui qui pour nous marque, en bien des domaines, la fondation d'un nouveau canon : Alain Chartier. Cette nouvelle mère et cette nouvelle matière, c'est la France. Mais nous sommes là au seuil d'une autre époque.

Cil (celui) qui premier trouva

A la crise de la matière, les écrivains du XIVe siècle apportent une troisième réponse. Non plus engendrer, sur le modèle de l'incarnation ou sur celui de l'incision. (Rappelons que Bacchus, Dionysos, le dieu deux fois né, est arraché par Zeus du sein de sa mère foudroyée, Sémélé, fille de Cadmus et d'Harmonie, cousu par son père dans sa propre cuisse, et qu'il en sort pour une deuxième naissance, paternelle.) Non plus renouveler la matière, mais l'inventer.

---

1. Traduction d'Alain Michel in *Pétrarque et la pensée latine*, p. 161.

Dans la somme que représente son grand livre *La Littérature européenne et le Moyen Age latin,* Ernst Robert Curtius rappelle « la prédilection particulière » qu'eurent les Grecs « pour la question : "Qui est l'inventeur ?" ». Cette passion réapparaît massivement au Moyen Age, en français, aux XIVᵉ et XVᵉ siècles. Le thème se rencontre sous plusieurs formes. Il fait partie de l'éloge des personnages célèbres dont l'époque, à la suite de Boccace, se plaît à dresser des listes. La formule « Cil qui premier trouva » en constitue un élément essentiel. Il est un moment capital du *topos* de la louange des arts. Tout traité passant en revue les arts libéraux commence par l'origine de ces arts et cite le nom de leur « inventeur ». Il apparaît enfin, comme au hasard, signe de sa force et de sa vitalité dans des textes divers, narratifs, lyriques, moraux. Ainsi Alain Chartier, dans *Le Debat des deux Fortunés d'Amours,* par la voix d'un des deux chevaliers, donne l'amour comme le grand inventeur :

> Amours trouva premier haulx instrumens,
> Chançons, dances, festes, esbatemens,
> Chappeaulx de fleurs, jolis habillemens,
> Joustes, essais, bouhours, tournoiemens

The Poetical Works, vv. 651-654.

(Ce fut Amour qui trouva le premier les instruments sonores, les chansons, les danses, les fêtes, les ébats, les couronnes de fleurs, les beaux habits, les joutes, les assauts, les réjouissances, les tournois.)

Suit une liste nourrie de toutes les joyeuses inventions dues à Amour. Charles d'Orléans célèbre l' « inventeur » de l'écriture dans une ballade où il se console de ne pouvoir parler à sa dame, en lui écrivant :

> Loué soit cellui qui trouva
> Premier la maniere d'escrire

T. I, ballade 21, vv. 1-2.

(Loué soit celui qui le premier trouva la manière d'écrire.)

Le prieur du *Passetemps des Deux Alecis freres* de Guillaume Alexis rend hommage à l' « inventeur » de la musique :

> Qui premier trouva la pratique
> De la science de musique

Pour accorder si proprement,
Avoit moult bel entendement

Œuvres poétiques, t. II, p. 8, vv. 17-20.

(Celui qui trouva le premier la pratique de la science de musique pour faire des accords si parfaits avait un très bon jugement.)

Que signifie un tel engouement? Les notions en jeu dans le concept d'invention sont complexes. Le mot, tout d'abord, en dehors d'une occurrence dans le Psautier de Cambridge au sens d' « expédient », « ruse », et de son emploi dans la locution : *invencion Sainte Croix* (la découverte de la Sainte Croix), n'appartient pas à la langue de l'ancien français. Il apparaît avec son sens moderne au XVe siècle. La première mention relevée par le dictionnaire étymologique de Walther von Wartburg est de 1431. En fait le mot se trouve chez Christine de Pizan, avec ce sens, dans son *Avision Christine,* texte de 1405. Il est dans la bouche de Dame Opinion que l'auteur présente comme fille d'Ignorance et de Désir de savoir. C'est de Dame Opinion que « vindrent [...] les premieres invencions des fais » (p. 134, ligne 11) de tous les conquérants, c'est elle qui donna à Alexandre « l'invencion d'emprendre les fortes et fieres batailles » (p. 135, ligne 29), c'est grâce à elle enfin que Christine, bien qu'elle en méconnaisse alors la puissance, a l'idée d'écrire *Le Livre de la Mutacion de Fortune* : « combien que par moy te venist l'invencion » (p. 131, ligne 21). Chambrière de Philosophie, Opinion met dans l'entendement des hommes, quel que soit leur domaine d'activité, *l'invention.* Christine insiste sur ce point :

Dame, puisqu'il est ainsi que de vous vient la
premiere invencion des œuvres humaines bonnes ou
mauvaises, rudes ou soubtilles

P. 143, lignes 17-19.

(Dame, puisque c'est de vous que vient la première invention des œuvres humaines bonnes ou mauvaises, mal dégrossies ou subtiles)

C'est Dame Opinion qui fit rechercher au premier homme les propriétés des herbes et des plantes :

> Et tres ces premiers aages furent aucuns soubtilz
> hommes auxquelz tant fis encerchier qu'ilz trouverent
> philosophie. Et par consequent toutes les sciences et
> ars par moy furent premierement investiguees, et la
> voye trouvee d'y attaindre ; ne nom de philosophe
> oncques trouvé n'eust esté se je ne fusse.

> P. 112, lignes 11-16.

> (Et dès ces premiers âges, il fut certains hommes subtils
> qu'elle fit tant se consacrer à la recherche qu'ils trouvèrent la
> philosophie. Et par conséquent, toutes les sciences et tous les
> arts furent explorés premièrement grâce à moi et on trouva le
> moyen d'y parvenir ; le nom de philosophie n'aurait jamais été
> trouvé si je n'existais pas.)

Le mot *adinvention*, lui, est attesté au sens moderne autour de 1310.
Son emploi est fréquent chez Gilles Li Muisis où il est toujours donné
dans un contexte péjoratif. En effet, les deux réseaux sémantiques
dans lesquels il est impliqué chez ce poète sont le domaine de
l'imitation caricaturale du pouvoir créateur de Dieu — c'est le thème
du singe — et le champ massif et réprouvé de la nouveauté. Ce
surgissement, dans le vocabulaire du mot et de sa famille, est plein de
sens. Aux XIVe et XVe siècles, la question de l'invention et des inventeurs est bien à l'ordre du jour.

Comment traduit-on auparavant *invenire* puisque les autres verbes
indiquant une telle idée en latin, comme *reperire*, ont disparu en
roman ? Tous les lexiques, toutes les traductions du Moyen Age
consultés en portent témoignage : uniquement par le verbe *trover*,
trouver. Cette équivalence désigne l'une des questions primordiales
posées par le concept d'invention au Moyen Age, son statut par
rapport à la création, le statut de l'invention par rapport à Dieu. Car
seul Dieu peut créer. Il est le « droit createur » comme le rappelle, non
sans inquiétudes sur de possibles contrefaçons, Jean Le Fèvre :

> Que vault enquerir par grans cures
> de toutez choses lez naturez,
> a ceulz qui partinaulz deviennent
> et contre verité soustiennent
> leur faulseté et leur malice ?
> Le faiseur de tout artifice
> et le droit createur oblient.

> *Le Respit de la Mort*, vv. 2521-2527.

(Quel besoin ont-ils de rechercher par de grands soins les natures de toutes choses ceux qui se rendent obstinés dans l'erreur et qui contre la vérité soutiennent leur fausseté et leur malice ? Ils oublient celui qui a fait tous les arts et qui est le vrai créateur.)

Que fait donc l'inventeur ? Il trouve. La distinction entre création et invention *(troveure, trovement)* est affirmée par tous les textes. La précision du vocabulaire, en l'occurrence, est lourde d'un enjeu théologique. Brunet Latin le proclame à l'ouverture de son *Livre dou Tresor* :

> Le mal fut trovés par le diauble non pas criés

et il ajoute :

> et por ce est il noiens, car ce ki est sans Dieu est noient.

> Livre I, chap. 11, p. 26.

(Le mal fut trouvé par le diable et non pas créé ; c'est la raison pour laquelle il est pur néant, car ce qui est sans Dieu est néant.)

L'invention gardera toujours quelque trace de cette généalogie diabolique, sulfureuse et, par définition, vaine. Qu'on pense au premier sens attesté d'invention : « expédient », « ruse ». Un substitut possible de *trover*, son composé *controver*, porte plus nettement encore cette marque diabolique. On sait que, comme dans le cas d'*adinvention* par rapport à *invention, controver* par rapport à *trover* fixe son sens, au fil des siècles, sur la valeur de mensonge, de tromperie. De par sa formation morphologique, *controver* indique nettement ce qu'il y a de *mimesis* dans toute création humaine. Cette dernière s'inscrit toujours *contre*, c'est-à-dire en regard d'un modèle, l'ultime modèle étant celui de la création divine. Dans une telle perspective, il serait intéressant d'étudier le couple parallèle *faire/contrefaire* et de poser la question du remplacement de *contrefaire* par *imiter* à la fin du Moyen Age.

L'apparition du mot *invention* et la concentration de la réflexion sur le thème de l'inventeur signent une désacralisation partielle de la pensée, une laïcisation. On ose alors envisager le problème de la création humaine ou de ce qui en tient lieu, et en particulier le problème de la création esthétique. On aura remarqué la fréquence de la coordination des termes *œuvre* et *adinvention* dans les traductions de la Bible. L'homme peut-il être, à l'image de Dieu, ou du diable, *opifex, artifex* ? Y a-t-il encore à « trouver », ou faut-il inventer ? Mais alors qu'est-ce qu'inventer ? Le mot *novus* passe de sens négatifs à des sens positifs au XIIIe siècle. C'est au XIVe qu'entre dans la langue le mot *innover*.

La réponse à ce problème, pour les clercs du Moyen Age, est d'ordre historique. On s'interroge moins, philosophiquement, qu'on ne pose la question : qui a été l'inventeur, comment les inventions se sont-elles succédé ? L'origine est envisagée comme principe explicatif, on cherche à voir ce qui en est sorti. La réflexion sur l'invention porte moins sur un amont à sonder que sur un aval à explorer. Elle est pensée de l'Histoire en tant que l'Histoire est succession.

Elle est aussi pensée du nom. L'invention est liée à la présence d'un nom qui fait advenir, à la mise en avant d'un individu, héros fondateur, point de départ d'une lignée. On sait l'intérêt croissant des XIVe et XVe siècles pour la notion d'individu. L'inventeur nomme son invention de son nom. Imposant un nom, il fait acte d'autorité, tout en gardant sa place dans l'ordre de la création. Comme Adam dans la *Genèse,* il ne crée rien, il nomme. Serait-ce la place réservée à l'homme, le domaine du *logos* ? Inventer, c'est donc faire apparaître du nouveau selon un mode non concurrent de celui de la création divine. Inventer, c'est moins manier de la matière que des formes, d'où l'importance accordée aux métamorphoses dans cette littérature. L'*Ovide moralisé* date du XIVe siècle. Inventer, c'est moins faire appel à la raison qu'à la *mètis,* cette intelligence technicienne rusée (on retrouve le sens premier d'*invention*) qui s'incarne à l'époque dans le concept de subtilité. On voit la fonction remplie par le motif. S'il répond bien à la crise de la matière qui hante les poètes, ce n'est pas sous la forme humble, qui peut coexister chez les mêmes auteurs, de la posture du glaneur, mais selon le modèle orgueilleux, chevaleresque, de la généalogie. Dresser un catalogue d'inventeurs, c'est s'inscrire, en filigrane souvent, explicitement parfois, dans une lignée prestigieuse. L'orgueil nouveau du clerc trouve ainsi manière à s'affirmer sans enfreindre le *topos* de modestie de rigueur, celui de la rudesse. Le clerc, en instituant des lignées intellectuelles où il prend place virtuellement en fin d'énumération, se donne, à tous les sens de l'expression, des lettres de noblesse. Etablissant des catalogues, il réfléchit sur sa propre pratique, et en fait l'archéologie. Tels sont le rôle et la finalité de ce schéma de pensée et d'écriture.

Il est intéressant de voir s'esquisser ce thème chez Benoît de Sainte-Maure au XIIe siècle. Celui-ci, évoquant la construction d'un vaisseau par Argus, précise :

> Co vuelent dire li plusor,
> Mais jo nel truis mie en l'autor,
> Que ço fu la premiere nef
> Ou onques ot sigle ne tref,
> Ne que primes corut par mer.
> Cil qu'i osa premiers entrer,
> Co fu Jason, ço est cuidé,
> Mais n'en truis mie autorité.

> *Le Roman de Troie,*
> t. I, vv. 913-920.

(Plusieurs laissent entendre, mais je ne le trouve pas dans la source, que ce fut le premier navire qui porta voiles et mâts et le premier qui fendit la mer. Celui qui osa le premier entrer dans le navire, ce fut Jason, ainsi l'imagine-t-on, mais je n'en trouve pas d'attestation authentique.)

Cette réflexion sur l'invention de la navigation (premier constructeur et premier navigateur) qui ne se trouve pas dans la source de Benoît, comme il se plaît à le souligner, est significative quand on sait, par ailleurs, qu'il compare son écriture à une navigation :

> Mout par ai ancore a sigler,
> Quar ancor sui en haute mer.

> *Ibid.,* t. II, vv. 14943-14944.

(J'ai encore beaucoup à naviguer car je suis encore en haute mer.)

déclare-t-il au milieu de son œuvre, demandant à Dieu dans une métaphore continue, le privilège de pouvoir achever : « Qu'a dreit port puisse ancre geter ! » Ancre et encre. Cette inquiétude quant aux inventeurs signe une attitude réflexive de Benoît écrivain. Sa translation, passage de la matière antique à un récit en langue vernaculaire, dans son matériau comme dans son objet, tout comme la traversée de Jason dans la nef d'Argus, est innovation.

Guillaume de Machaut, deux siècles plus tard, présente une forme élaborée du *topos* dans une réflexion sur une sorte de « translation » particulière, la métamorphose. Le passage se situe dans le premier songe du *Voir Dit*, dans une remontrance du Roi qui ne ment, roi de jeu, au poète. Celui-ci ne devrait pas s'émouvoir de la mutation de la robe de sa dame, du bleu au vert, signe de déloyauté, s'il pensait au caractère extraordinaire des métamorphoses racontées par Ovide. Et le Roi qui ne ment d'enchaîner :

> On voit et scet tout en appert
> Que moult furent sage et appert
> Cilz qui les sciences trouverent
> Et aus peuples les lois donnerent.

> vv. 5362-5365.

> (On voit et sait à l'évidence qu'ils furent très sages et très intelligents ceux qui trouvèrent les sciences et donnèrent les lois aux peuples.)

Et d'évoquer : Jabel, inventeur de l'art de la bergerie, Jubal (d'après les manuscrits, et non Tubal comme l'imprime Paulin Paris), qui « trouva l'art de musique » (v. 5380), Noëma, inventrice de l'art de tisser, Chus « qui trouva la science/Que l'en appelle nigromance » (vv. 5394-5395), Phoroneüs qui « donna les lois/Tout premierement aux Grijois » (vv. 5402-5403), pour finir en énumérant les sept sages de Rome et Pythagore, inventeur des mathématiques. La conclusion du roi est que tous ces sages ne pourraient pas conseiller le poète en amour, la seule recommandation en la matière étant de résignation. Le roi l'exprime d'ailleurs emblématiquement de manière proverbiale : « Laisses Amour convenir » (v. 5457), laisse faire Amour. Amour et Sagesse sont deux domaines distincts et Guillaume de Machaut signale ainsi la tension qui anime sa poésie : poésie d'amour (lyrisme courtois) et poésie de clerc (didactisme savant). Le Roi qui ne ment rappelle subtilement au poète sa place parmi les inventeurs :

> Jubal trouva l'art de musique,
> Tubcaÿn trouva la fabrique,
> Mais Jubal au son des martiaus
> Fist tons et sons, et chans nouviaus
> Et notés, et les ordenances
> De musique et les concordances ;

Et il ajoute :

> Et s'aucuns y ont amendé,
> Je ne leur ay pas commandé.
>
> *Voir Dit,* vv. 5380-5387.

(Jubal trouva l'art de musique, Tubcaÿn trouva la fabrication des instruments, mais Jubal, au son des marteaux, composa tons, sons et chants nouveaux et notés, et l'organisation de la musique et les accords ; et si certains ont amélioré cela, je ne leur en ai pas donné l'ordre.)

Qui donc, si ce n'est le poète, comme le suggère déjà Paulin Paris, se profile sous ce masque d'*aucuns* ? L'énumération institue une généalogie dont le titre est l'intelligence. Le mot « titre » apparaît d'ailleurs dans l'exemple suivant, en rime riche avec le *tistre,* le tisser :

> Et Noëma trouva le tistre
> Et le filer, quar a son tiltre
> On fait linges et draperies
> Et les belles toiles delies.
>
> *Ibid.,* vv. 5388-5391.

(Noëma trouva l'art de tisser et de filer car, grâce à elle, on fait linges et draps et les belles toiles fines.)

Cette généalogie n'est plus fondée sur l'engendrement naturel, modèle que le poète a rappelé à propos de la naissance de Jabel et Jubal :

> ... cilz .II. furent frere
> Issus d'un pere et d'une mere
>
> *Ibid.,* vv. 5372-5373.

(ces deux-là étaient frères, nés d'un père et d'une mère)

Elle repose sur la naissance sans mère, la naissance de l'esprit, telle celle de Minerve issue du cerveau de Jupiter. Les clercs, dans leur filiation intellectuelle, en sont une illustration. Il se crée une nouvelle noblesse, une nouvelle classe, dont le but n'est plus de vivre ou de chanter l'amour mais d'écrire sur la sagesse, sur les arts. C'est ce que l'on comprend du reproche indirect du Roi qui ne meult à l'égard du poète. Ce dernier ne parle pas assez des sages :

De dire leur sens et leur euvres
— Dont il m'est vis que petit euvres,
Quant ainsi ies envelopés
D'amourettes et attrapés —
Certes longue chose seroit
A dire qui la te diroit.

Ibid., vv. 5436-5441.

(De dire leur intelligence et leurs œuvres — dont il me
semble que tu t'occupes bien peu, toi qui es si pris et
enchevêtré dans tes amours — certes ce serait une longue
chose à qui voudrait te la dire.)

Promotion personnelle du clerc, promotion institutionnelle de la
sagesse, ces deux aspects du rôle du *topos* s'illustrent superbement
dans l'œuvre de Jacques Legrand. L'Augustin s'inscrit dans la liste
des inventeurs, non pas comme Guillaume de Machaut dans un rôle
de perfectionnement de la musique, mais dans une perspective
d'amélioration de l'alphabet. Dans la partie de son ouvrage l'*Archiloge
Sophie,* portant sur les arts libéraux, après avoir rappelé ce qu'était le
premier langage, l'hébreu, « trouvé » par Abraham, Jacques Legrand
consacre un développement aux lettres grecques et latines et à leurs
inventeurs, qu'il conclut :

Mais tu pourroies demander se les lectres latines
sont souffisans a escripre tout ce que nous pouons
prononcier. Et dient les communs gramairiens que
elles sont souffisantes sans autres lectres trouver.

Archiloge Sophie, p. 65, lignes 6-9.

(Mais tu pourrais demander si les lettres latines sont suffisantes pour écrire tout ce que nous sommes amenés à pro-
noncer. La plupart des grammairiens disent qu'elles sont
suffisantes sans qu'il soit besoin de trouver d'autres lettres.)

Tel n'est pas l'avis de Jacques Legrand (pas plus que celui d'Eustache Deschamps), qui pense que l'on devrait supprimer l'équivoque
des graphies *V* et *J,* lettres que l'on peut interpréter soit comme
consonne soit comme voyelle. Il ajoute, insistant sur le caractère
conventionnel de l'alphabet :

... car il n'est point de doubte que les lectres furent
figurees de propre voulenté, et pour tant raison ne
contredit point a ce faire.

Ibid., p. 65, lignes 20-21.

(car il ne fait pas de doute que les lettres furent imaginées par une décision volontaire, et, pour cela, la raison ne contre-dit pas au fait d'en imaginer d'autres.)

Il se profile en inventeur. Jacques Legrand donne les raisons de l'intérêt qu'il porte à une réflexion sur les arts dans leur naissance et dans leur filiation historique. Pour lui, l'enquête est d'actualité. Elle lui permet de comprendre les causes de la déchéance ou, à tout le moins, de l'ébranlement du royaume :

> Et de fait les Grecs et les Rommains sont tousjours decheus depuis l'eure qu'ilz delaissierent les estudes, comme il appert au jour dui.
>
> *Ibid.*, p. 43, lignes 18-20.

> (Et de fait, les Grecs et les Romains sont toujours tombés en décadence dès le moment où ils ont délaissé l'étude, comme cela est clair aujourd'hui.)

Les leçons de l'histoire universelle valent pour le temps présent. Il est bon de dépasser l'erreur courante qui veut que les chevaliers aient honte d'être clercs : « Et de fait chevalerie est a ceste erreur venue que c'est honte a un chevalier d'estre clerc reputé » (p. 43, lignes 13-15). Eustache Deschamps fait le même constat : « Car chevaliers ont honte d'estre clercs » (t. III, pièce 401, refrain) et en tire la même conclusion : il faut revenir à l'union de *fortitudo* et *sapientia*, faire retour aux inventeurs. Déjà *L'Image du monde* de Maître Gossouin, au XIIIe siècle, propose un tcl objectif. Critiquant les clercs de Paris qui convoitent uniquement le nom de *maistre* mais « qui pou sevent de raison et de bien », Gossouin avance le modèle des inventeurs des arts : « Car cil s'ordenerent autrement aus arz, qui premierement les trouverent » (car ils se consacrèrent de manière différente aux arts, ceux qui les trouvèrent premièrement), et il conclut : « Tout en tele maniere ordenerent les .VII. arz cil qui premierement les controu-verent » (p. 75).

Une réalisation du *topos* revêt, aux XIVe et XVe siècles, une impor-tance toute particulière : la mise en scène de l'invention de l'écriture. Sa fréquence corrobore la prise de conscience fondamentale par les clercs de la mutation que représente le passage de l'oral à l'écrit dans le domaine vernaculaire. Qui dit invention, dit *inventeur,* c'est-à-dire met à l'origine de l'écriture, comme technique, un héros culturel.

Il faut distinguer trois types de personnages mythiques entretenant des rapports avec le mystère des lettres : la figure du magicien, du devin, que j'emblématiserai sous le nom d'Orphée. On sait qu'Orphée est donné dans certains textes grecs comme l'inventeur de l'alphabet. La deuxième figure est celle du scribe, du passeur, du secrétaire. C'est celle de Thôt. La troisième figure est celle du héros fondateur, fondateur de ville comme inventeur de l'alphabet. C'est cette dernière configuration qui me retiendra ici dans sa dualité. Deux héros qui s'affrontent dans la littérature de la fin du Moyen Age se partagent cette scène : un homme et une femme, inventeurs respectivement de l'alphabet grec et latin, Cadmus et Carmentis. Les auteurs des XIVe et XVe siècles ont trois façons d'utiliser ces héros. Ils peuvent les inscrire dans une réflexion sur la *translatio studii,* le transfert du savoir de l'Orient à l'Occident. Dans cette perspective, ils sont associés à Io (Ysis) et rentrent dans un triptyque évoquant l'invention des lettres égyptiennes, grecques et latines. Le modèle de cette présentation, le texte fondateur, est celui d'Isidore de Séville :

> Aegyptiorum litteras Isis regina, Inachis filia, de
> Graecia veniens in Aegyptum, repperit et Aegyptiis
> tradidit. [...] Cadmus Agenoris filius Graecas litteras
> a Phoenice in Graeciam decem et septem primus
> attulit. [...] Latinas litteras Carmentis nympha prima
> Italis tradidit.
>
> > *Etymologiarum, lib.* I, chap. 3, sections 5 et 6,
> > et chap. 4, section 1.
>
> (La reine Isis, fille d'Inachos, venant de Grèce en Egypte,
> trouva les lettres égyptiennes et les donna aux Egyptiens [...].
> Cadmus, fils d'Agénor, le premier apporta de Phénicie en
> Grèce dix-sept lettres grecques [...]. La nymphe Carmentis la
> première donna les lettres latines aux Italiens.)

C'est une des présentations que reprend Jacques Legrand dans son exposition des *.VII. ars liberaulx.* Ce sera celle de tous les traités sur les Arts :

> Les grecques lectres trouverent jadis et
> premierement les Phenis, gens ainsi nomméz
> comme tesmoigne Lucan le poete. Mais Cadmus filz

de Agenor, fut cellui le quel premierement
presenta .XVII. lectres grecques.

Archiloge Sophie, livre II, 3, p. 61.

(Les Phéniciens, gens ainsi nommés comme en témoigne
Lucain le poète, furent les premiers, jadis, qui trouvèrent les
lettres grecques. Mais Cadmus, le fils d'Agénor, fut le premier
à présenter les dix-sept lettres grecques.)

Et de fait nous lisons que la royne nommee Ysis, la
quelle fut fille de Inaché, fut celle qui premierement
apporta les lectres aux Egipciens. Et dient aucuns
qu'elle les aporta de Grece en Egipte, et les autres
dient que elle les trouva a sa venue de Grece en
Egipte et les donna aux Egipciens.

Ibid., livre II, 3, p. 63.

(Et de fait nous lisons que la reine nommée Ysis, qui était
fille d'Inachos, fut la première qui apporta les lettres aux
Egyptiens. Et certains disent qu'elle les apporta de Grèce en
Egypte, et les autres, qu'elle les trouva venant de Grèce en
Egypte et les donna aux Egyptiens.)

Aprés tu dois savoir que jadis une deesse
nommee Carmentis fut celle qui premierement
donna aux Ytaliens les lectres latines.

Ibid., livre II, 4, p. 64.

(Tu dois savoir ensuite que, jadis, une déesse nommée
Carmentis fut la première qui donna aux Italiens les lettres
latines.)

Le deuxième modèle est celui de l'utilisation de Carmentis, seule
ou associée à Io, dans un but polémique, la défense des femmes,
l'illustration de leur capacité de créer. Là, le texte fondateur est celui
de Boccace, *De claris mulieribus,* rédigé en 1361 et dont une première
traduction paraît en France dès 1401 sous le titre *Des femmes nobles et
renommées.* Une autre traduction française est offerte en 1493 à la
reine Anne. Elle est publiée chez Antoine Vérard sous le titre : *Des
nobles et cleres femmes.* Mais dès 1370-1371, Carmentis est citée en
français par Jean Le Fèvre dans son *Livre de Leesce,* réfutation de sa
traduction des *Lamentations* de Matheolus. Après avoir mentionné les

femmes qui se sont signalées sous le rapport du courage, il cite celles qui se sont illustrées dans le domaine des arts et des sciences :

> Car Carmentis trouva l'usage
> Des lettres de nos escriptures,
> Toutes les vint et cinc figures
> Dont on puet en latin escripre,
> En françois, en tables, en cire,
> En papier ou en parchemin ;
> Carmentis trouva le chemin :
> A chascune mist propre nom ;
> De sens doit avoir grant renom.
>
> vv. 3623-3631.

(Car Carmentis trouva l'usage des lettres de nos écrits, les vingt-cinq signes grâce auxquels on peut écrire en latin, en français, sur des tablettes, de la cire, du papier ou du parchemin ; Carmentis ouvrit la voie ; à chacune, elle donna son nom ; en fait d'intelligence, elle doit avoir un grand renom.)

Trois éléments sont à noter dans cette présentation. Jean Le Fèvre se montre tout d'abord extrêmement sensible aux modes de l'écriture dans la matérialité de ses différents supports *(en tables, en cire/En papier ou en parchemin)* et dans ses réalisations diverses *(en lutin, en françois)*. On le voit, le lien est profond, pour tous les érudits de la fin du Moyen Age, du français au latin. Point n'a été besoin de réinventer un nouvel alphabet ; seuls quelques aménagements sont nécessaires pour la notation du français. Cette attention rend compte de la précision apportée par tous les auteurs à enregistrer le nombre de lettres inventées par les différents héros. La même sensibilité est déjà à l'œuvre dans *Le Respit de la Mort*. Dans un développement sur l'étude qui fait suite à des considérations contre le mariage, Jean Le Fèvre énonce :

> Les uns aprendent a escrire
> de greffes en tables de cire.
> Les autrez sievent la coustume
> de fourmer lettres a la plume,
> et paingnent par dessus lez piaux
> et des moutons et des viaux,
> et a coulourer se doctrinent ;
> il flourettent, il enluminent.

> Les autrez apliquent leurs cures
> a plus soubtillez escriptures,
> a gramaire puis a logique,
> et a parler par rectorique.

> vv. 2411-2422.

(Les uns apprennent à écrire avec des stylets sur des tablettes de cire. Les autres suivent la coutume qui consiste à former des lettres à la plume, et ils peignent sur les peaux des moutons et des veaux et apprennent à colorer ; ils peignent des fleurs, font des enluminures. Les autres s'adonnent à de plus subtils écrits, à la grammaire, puis à la logique, et à parler selon la rhétorique.)

Ce passage d'une réflexion sur la génération à une méditation sur l'écriture n'est pas anodin. Il se situe dans la ligne du *Roman de la Rose* de Jean de Meun et de son utilisation du personnage de Cadmus dans l'enquête que propose le texte sur les métaphores possibles de la génération.

Jean Le Fèvre emploie également l'image du chemin, image spatiale de la lignée intellectuelle, de la *translatio studii*. Pour tous ces auteurs, l'étude est un chemin (pensons au titre donné par Christine de Pizan à l'une de ses œuvres : *Le Chemin de Long Estude*) dont l'un des modèles est la vie même, le pèlerinage de vie humaine, selon le titre d'une œuvre de Guillaume de Digulleville. Jean Le Fèvre recommande :

> Mais qui ne congnoist dont il vient,
> la ou il est ne qu'il devient,
> soit riche, povre ou mendiant,
> il n'est pas vrai estudiant.
> Pour ce devons ymaginer
> la ou nous convient cheminer,
> et adviser en nous meismez
> ou nous sommez, dont nous venismez,
> entre nous de l'umain lignage
> qui alons en pelerinage.

> *Le Respit de la Mort,* vv. 2573-2582.

(Mais celui qui ne sait pas d'où il vient, qui ne connaît pas où il est ni où il va, qu'il soit riche, pauvre ou mendiant, il n'étudie pas le vrai. Pour cette raison même, nous devons nous figurer là où il nous convient cheminer et considérer en nous-mêmes où nous sommes, d'où nous venons, nous la lignée des humains qui allons en pèlerinage.)

On remarque enfin l'importance nouvelle qu'accorde Jean Le Fèvre à l'acte même de nomination. Inventer, c'est aussi nommer. Donner un nom aux lettres, donner son nom aux inventions. Par là même, la réflexion sur l'invention a partie liée avec l'étymologie. L'exemple de Phoroneüs « cil qui premierement/Controuva plait et jugement » (livre I, vv. 3843-3844), tel qu'il est développé dans l'*Ovide moralisé* en porte témoignage :

> De son non sont plait surnomez :
> En latin sont « fora » nomez.
>
> Livre I, vv. 3847-3848.

(De son nom, on désigna les procès : ils sont en latin appelés « fora » [tribunaux, le forum renvoyant à l'éloquence judiciaire].)

Dans la série de textes écrits à l'honneur et défense du sexe féminin, Carmentis ou Nicostrate, selon la façon dont elle est désignée, tient toujours une place de choix. Jacques Legrand l'utilise dans ce rôle au chapitre 3 du premier livre de l'*Archiloge Sophie,* parallèlement à l'usage historique qui en est fait :

> Pluseurs par sapience femmes sont renommees
> Comme les dix prophetes Sebilles surnommees ;
> Et Carmentis, Ysis, Minerve et Libye,
> Semiramis, Juno, Opis et Marpesye.
>
> P. 34, lignes 5-8.

(Plusieurs femmes sont renommées, grâce à leur sagesse comme les dix prophétesses appelées les Sibylles ; et Carmentis, Isis, Minerve, Libye, Semiramis, Junon, Opis et Marpesye.)

Carmentis constitue un moment important de la démonstration de Christine de Pizan dans *Le Livre de la Cité des Dames.* Elle marque en effet une articulation et une progression dans le raisonnement de Christine. Non seulement les femmes sont capables d'illustrer des arts déjà créés, d'y exceller même, mais elles sont susceptibles d'en inventer. Et Christine de citer comme premier exemple de ce nouveau pas, Carmentis :

Et premierement te diray de la noble Nycostrate,
que ceulx d'Itallie appellerent Carmentis.

Ire partie, chap. 33, p. 735.

(Et je te parlerai tout d'abord de la noble Nicostrate que les
Italiens appelèrent Carmentis.)

La généalogie de Nicostrate est intéressante. Christine la rappelle :

Ceste dame fu fille du roy d'Archade nommé
Pallent. Elle estoit de merveilleux engin et douee de
Dieu d'especiaulx dons de savoir. Grant clergesce
estoit es lettres grecques et tant ot bel et saige
langaige et venerable faconde que les pouettes de
lors, qui d'elle escriprent, faignirent en leurs dittiez
qu'elle estoit amee du dieu Mercurius ; et un filz
qu'elle avoit eu de son mary qui en son temps fu
de moult grant sçavoir, disdrent qu'elle l'avoit eu
d'icelluy dieu.

Ibid., p. 735.

(Cette dame était la fille du roi d'Arcadie nommé Pallas. Elle
était d'une intelligence étonnante et avait reçu de Dieu des
dons particuliers de prophétie. Elle était grande clergesse dans
les lettres grecques et avait un langage si beau et sage, une
parole si noble, que les poètes d'alors, qui écrivirent à son
sujet, suggérèrent dans leurs écrits qu'elle était aimée du dieu
Mercure ; et ils dirent que le fils qu'elle avait eu de son mari,
qui, lui aussi, en son temps, fut très savant, était de ce dieu.)

Carmentis est en rapport avec Mercure (Hermès), c'est-à-dire avec
un dieu à *mètis*. Elle passe pour son amie, dans la tradition que
rapporte prudemment Christine, et pour sa fille, dans celle qu'utilise
Antoine Dufour dans *Les Vies des femmes célèbres :* « Les poètes
faignent que Mercure fut son père » (p. 45). Les deux auteurs sou-
lignent, discrètement chez Christine, de manière appuyée chez
Antoine Dufour, un point qui a son importance dans notre démonstration, la bâtardise possible de son fils :

Pour ce que l'on ne treuve point que jamais fut
mariée, tant pour sauver son honneur que pour

veoir estranges pays, fist charger force navires et emmena avecques elle son petit filz Palentin et arriva à Hostie sur le Tybre.

Les Vies des femmes célèbres, p. 45.

(Parce que l'on ne trouve pas qu'elle ait jamais été mariée, autant pour sauver son honneur que pour voir de nouveaux pays, elle fit charger force navires et emmena avec elle son jeune fils Palentin et arriva à Ostie sur le Tibre.)

Dans la naissance mythique de l'écriture comme dans la généalogie des lignages naturels, il y a un point obscur, un trou originel, auquel est lié l'acte même de fondation. De toute évidence, Christine s'identifie à Carmentis. Toutes deux ont partie liée avec l'Italie. Carmentis y parvient venant de Grèce, « et ariva sur le fleuve du Tybre », alors que Christine quitte le sol italien pour la France, poursuivant la *translatio studii* ainsi commencée. Carmentis est bâtisseuse, « La, celle dame, avec son filz et ceulx qui suivie l'avoyent, fonda un chastel », tout comme Christine qui, de l'histoire de Carmentis, et de celle des autres femmes illustres, fait des pierres pour bâtir sa cité des dames. Carmentis enfin est prophétesse (Christine est fille d'astrologue) et donne son nom au chant :

De ceste dame Carmentis furent nommez dittiez
carmen en latin.

Le Livre de la Cité des Dames,
Ire partie, chap. 33, p. 738.

(Du nom de cette dame Carmentis, on appela les compositions poétiques *carmen* en latin.)

On le sait, Christine de Pizan n'abandonnera jamais le chant lyrique qui est l'un des aspects constitutifs de sa création. On lit dans l'adaptation française du *Catholicon* de Jean de Gênes[1] :

Carmentis, propre nom de fenme et vaut tant
comme deesse de dictié

(Carmentis, nom propre de femme et signifie déesse de poésie)

---

1. Ed. Mario Roques, *Recueil général des lexiques français du Moyen Age* (XIIe-XVe *siècles*). I. *Lexiques alphabétiques,* t. II, Paris, Champion, 1938.

et à l'entrée suivante :

carmino, nas... ou carminor... naris... faire dictié ou
charmer ou charpir lainne

(faire des compositions poétiques, ou des charmes, ou
carder la laine)

« Deesse de dictié », Christine de Pizan s'est voulue telle, elle qui,
comme le rappelle Guillebert de Metz dans sa *Description de la ville de
Paris* en 1407, « dictoit toutes manieres de doctrines et divers traitiés
en latin et en françois » (composait toutes sortes d'enseignements et
divers traités en latin et en français), « Muse eloquent entre les .IX.
Christine », selon la belle formule d'Eustache Deschamps (t. VI,
ballade 1242, v. 1).

On peut suivre le destin de Carmentis postérieurement à l'œuvre
de Christine. Elle apparaît toujours chez les auteurs qui prennent le
parti des femmes, qui écrivent à leur honneur. On la trouve chez
Martin Le Franc dans *Le Champion des Dames*[1] : « De dame Carmente,
laquelle trouva la lettre latine », chez Symphorien Champier dans *La
Nef des dames vertueuses* (1503), chez Antoine Dufour dans *Les Vies des
femmes célèbres* (1504), dans *La Chasse d'Amours* attribuée à Octovien
de Saint-Gelais et publiée par Antoine Vérard en 1509, dans *El
Triunfo de las donas* de Juan Rodríguez del Padrón. Elle permet
également de saisir le rapport de ces écrivains à la science, au savoir et
à l'écriture. Ainsi de l'emploi de Carmentis, dans un contexte qui
n'est pas celui de la querelle des femmes, que fait Pierre Michault
dans son *Doctrinal du Temps présent*. Il emprunte le passage au
Sophilogium, première version de l'*Archiloge Sophie,* de Jacques
Legrand. Vertu fait visiter à l'auteur l' « ancienne escole » :

Tu voiz aussi entre les femmes icy paintes, Ysis, qui
trouva les lectres des Egipciens ; Nicostrates bailla
les lectres et orthographie aux Ytaliens ; Noctia,
sœur de Tubalcayn, trouva les ars mecaniques ; les
douze Sibilles en maintes prophecies ont descript
l'advenement de Dieu [...].

Section LVII, p. 147.

---

1. Ms. Paris, Bibliothèque nationale, fonds français 12476, f° 111, v°.

(Tu vois aussi parmi les femmes qui sont peintes ici, Isis qui trouva les lettres des Egyptiens ; Nicostrate donna les lettres et l'orthographe aux Italiens ; Noctia, la sœur de Tubalcayn, inventa les arts mécaniques ; les douze Sibylles, dans de nombreuses prophéties, ont décrit l'avènement de Dieu [...].)

Dans la réflexion sur l'invention de l'écriture, un troisième modèle, enfin, utilise les personnages de Cadmus et de Carmentis en répartissant leur action conformément au schéma des trois fonctions mis en lumière par Georges Dumézil : la fonction magique et juridique, la fonction guerrière, la fonction nourricière. Il est notable que les histoires qui se rattachent aux deux héros offrent des traits qui renvoient pour chaque personnage aux trois fonctions : clerc, chevalier, paysan, dans les termes de la réalité sociale du Moyen Age. Trois dieux participent au destin de Cadmus : Arès, le dieu de la guerre, dont dépend le serpent, gardien de la source du Dieu et que tue Cadmus ; Athèna qui conseille au héros de semer les dents de ce serpent ; Aphrodite dont il épouse la fille, fille d'Arès également : Harmonie. Ainsi Cadmus est un guerrier (il lutte contre le dragon), il est un agriculteur, certes d'un modèle particulier (il sème les dents du dragon), il est enfin, en tant que fondateur d'une ville, Thèbes, dont il devient roi, un héros de première fonction. Comme Georges Dumézil l'a brillamment démontré dans son *Apollon sonore* à partir d'un texte de Plutarque, Carmentis est une héroïne de troisième fonction ; elle préside aux accouchements. Par ses pouvoirs de prophétie, par son rôle civilisateur, elle est une héroïne de première fonction. Son nom Nicostrate, qui combine les mots signifiant « armée » et « victoire », indique son lien à la deuxième fonction. Là encore, le fait de privilégier au Moyen Age l'une ou l'autre de ces fonctions discrimine auteurs et périodes.

Arnoul d'Orléans, qui consacre un développement à Cadmus dans ses *Allegoriae super Ovidii Metamorphosin*, ramène continuellement le modèle guerrier au modèle clérical :

Revêtu d'une peau de lion, c'est-à-dire de fougue, tenant deux javelots, c'est-à-dire muni de faconde et de sagessse, Cadmus, décidé à venger par la discussion, lança contre le serpent un rocher, c'est-à-dire des arguments dépourvus d'efficacité, sans pouvoir nuire au serpent, c'est-à-dire à l'astuce des gens du pays. Mais il les transperça enfin d'un javelot, c'est-à-dire de sentences plus acérées et plus subtiles. Il sema ensuite les dents du serpent, c'est-à-dire inventa les lettres grecques. De là vient que l'on dit : Grecorum primus vestigat gramata Cadmus.[1]

Allegoriae, III, 1.

Remarquons au passage l'emploi du verbe *vestigo* (suivre à la trace, à la piste, chercher et découvrir) — Cadmus à la recherche de sa sœur Europe a suivi une vache — plutôt que celui d'*invenio*.

Chez Jean de Meun, dans l'exemple de Cadmus (*Le Roman de la Rose*, t. III, vv. 19706-19722), l'accent est mis essentiellement sur le héros de troisième fonction, sur l'ensemenceur, le fondateur de lignage, le laboureur infatigable. Le héros apparaît dans le message de Genius, hymne à la génération que Félix Lecoy, l'éditeur du texte, résume ainsi : « Malheur à ceux à qui Nature a donné stylets et tablettes, marteaux et enclumes, socs aiguisés et jachères fertiles ne demandant qu'à être labourées, et qui refusent d'écrire, laissent leurs enclumes se couvrir de rouille et leurs champs retourner en friches » (v. 19552). Pensez à Cadmus :

> Mout fist Cadmus bone semance
> qui som peuple ainsinc li avance.
> Se vos ausinc bien conmanciez,
> vos lignages mout avanciez.

T. III, vv. 19719-19722.

(Cadmus sema très bien, qui augmenta ainsi son peuple. Si, vous aussi, vous commencez bien, vous augmenterez vos lignages.)

Christine de Pizan, quant à elle, opère un choix subtil entre Cadmus et Carmentis, selon les publics auxquels elle s'adresse, ou les démonstrations qu'elle mène. Dans *L'Epistre Othea* qui vise à l'éducation du chevalier, Cadmus est seul présent. Il illustre l'union nécessaire de la clergie et de la chevalerie. Christine conclut ainsi la glose de cet exemple :

---

1. Traduction P. Demats, in *Fabula*, p. 192.

Si veult dire Othea que le bon chevalier doit amer et honnourer les clercs letrez, qui sont fondez en sciences.

Chap. 28, p. 196.

(Othea veut faire comprendre que le bon chevalier doit aimer et honorer les clercs lettrés qui sont bien instruits dans les sciences.)

Cadmus est présent également dans *Le Chemin de Long Estude* lorsque la Sibylle explique à Christine l'histoire de la fontaine de Sapience :

> Jadis Cadmus a moult grant paine
> Un grant serpent sus la fontaine
> Dompta, qui avoit pluseurs testes
> Et toutes dorees les crestes ;
> Et c'est le serpent qui destourbe
> Moult a aler en celle tourbe.

vv. 1075-1080.

(Jadis Cadmus, au prix d'une grande peine, dompta un grand serpent auprès de la fontaine, qui avait plusieurs têtes dont les crêtes étaient d'or ; c'est le serpent qui éloigne fort de se joindre à cette troupe.)

Il est mentionné enfin dans *Le Livre de la Cité des Dames* mais dans le seul rôle de fondateur de Thèbes :

> et aussi comment Cadmus fonda Thebes la cité par l'admonnestement des dieux.

p. 631.

(et aussi comment Cadmus fonda la cité de Thèbes sur le conseil des dieux.)

Raison prédit à Christine que la cité qu'elle va bâtir sera plus solide que celle de Cadmus.

La réflexion sur les inventeurs, et tout particulièrement sur Cadmus et Carmentis, montre que se fait jour à la fin du Moyen Age une nouvelle conception du poète. Tout comme on lie l'invention au nom de son inventeur, l'œuvre est alors liée à l'artiste qui reçoit un portrait particulier. Ainsi que l'ont pertinemment analysé Ernst Kris et Otto Kurz dans leur beau livre *L'Image de l'artiste* : « Le fait que l'on puisse se souvenir du nom d'un créateur dépend, non pas de la grandeur ou de la réussite — fût-elle objective — de son œuvre, mais de la signification attachée à l'œuvre d'art [...]. D'une manière générale, on peut dire que la nécessité de nommer l'artiste indique que l'œuvre n'est plus au service d'une religion, d'un rite ou, au sens large, d'une fonction magique, bref que son rôle n'est plus spécifiquement déterminé, mais qu'on lui a accordé, dans une certaine mesure, une valeur autonome. En d'autres termes, la vision de l'art en tant que tel, c'est-à-dire recherche d'une réussite esthétique spécifique — ce que "l'art pour l'art" a poussé à l'extrême — s'affirme dans le désir grandissant de lier le nom du maître à son œuvre » (pp. 24-25).

La réflexion sur Cadmus et Carmentis témoigne de cette évolution. Elle marque une étape dans la constitution de la figure du poète en créateur. Elle signale également une méditation sur le progrès, l'alphabet étant toujours donné comme quelque chose de perfectible. On se rappelle l'importance accordée au nombre de lettres inventées par les héros successifs. C'est la raison pour laquelle Cadmus et Carmentis ont une existence encore très vivace pendant la Renaissance ; l'invention de l'imprimerie leur donne une actualité. Geofroy Tory, à l'ouverture de son *Champ Fleury ou l'Art et Science de la proportion des lettres*, réfléchit sur l'invention des lettres et retrace l'histoire de l'alphabet : « L'invention des lettres a esté diverse, selon diverses opinions » (f° V). Il y convoque Cadmus et « Nicostrata qui fut autrement nommee Carmentis » (f° V verso). Tel est le cas encore dans l'emblème « Prefiguration de l'Imprimerie Lyonnoise » qui ouvre *L'Imagination poëtique* de Barthélemy Aneau. La confrontation Cadmus-Carmentis désigne enfin une recherche sur l'acte même de création, conçu non plus seulement comme fiction, mais comme fondation. Deux modèles s'affrontent, respectivement masculin et féminin. Avec Cadmus, il s'agit du modèle agricole, germinatif, de la semence et de l'écriture comme sillon. Avec Carmentis est en jeu le modèle de la voix qui fait advenir, de la construction, de l'architecture, de l'art. Inventer, écrire, est-ce semer, est-ce construire ?

On comprend la connivence profonde qu'entretient dans l'histoire de la littérature toute réflexion sur la poésie avec une méditation sur l'alphabet.

La mémoire, ce livre qu'on feuillette

Montaigne, au chapitre « Des Menteurs » du Premier livre des *Essais,* constate :

> Le magasin de la memoire est volontiers plus fourny
> de matiere que n'est celuy de l'invention.
>
> <div align="right"><i>Essais,</i> livre I, chap. 9.</div>

La thésaurisation qu'opère la mémoire, en effet, est à relier à la question de l'invention. Depuis longtemps la mémoire est pensée comme une boîte, *arcula,* une petite boîte chez Hugues de Saint-Victor dans le *Didascalicon* (livre III, chap. 11, « De memoria »). Coffre, armoire, écrin, la mémoire a la forme du livre pour les XIVe et XVe siècles. *Flourie memore,* dans *Les Douze Dames de Rhétorique,* art poétique de la fin du XVe siècle, est représentée, dans la miniature qui accompagne la figure, assise, les yeux baissés, écrivant en un livre. Un coffret est ouvert à ses pieds d'où s'échappe un philactère. On y lit, à gauche, le mot *nova,* à droite, le mot *vetera. Gravité de Sens,* autre dame de rhétorique, ou, dans un manuscrit différent, *Vielle Acquisition,* se présente, dans son enseigne en vers, en ces termes :

> J'ay un panier porté dès mon enfance
> Que j'ay remply de matères diverses
> [...]
> De long pener et invenible cure
> J'ay estoré l'escrin de ma memoire.
>
> Pièce IV.

> (Je porte un panier depuis mon enfance que j'ai rempli de diverses matières [...]. Par une longue peine et des soins incessants, j'ai garni l'écrin de ma mémoire.)

La mémoire est un écrin que l'on garnit, constituant ainsi un trésor, ou que l'on pille. Olivier de La Marche ouvre ses *Mémoires* par ce conseil :

> Et tiercement, se vous trouvez que Dieu ait permis à
> la fortune que toutes emprinses ne soient pas
> venues à souhait et selon le desir des haulx
> entrepreneurs, que ces coups de foüetz et divines
> batures fierent et hurtent à la porte de vostre

pensée pour ouvrir le guichet de sage memoire,
affin que vous doubtiez et creniez les persecutions
du ciel.

T. I, prologue, pp. 13-14.

(En troisième lieu, si vous trouvez que Dieu a permis à la fortune que toutes les entreprises n'aient pas abouti selon le désir et le souhait de leurs initiateurs, que ces coups de fouet et ces coups divins frappent et heurtent à la porte de votre pensée pour ouvrir la petite porte de sage mémoire afin que vous redoutiez et craigniez les persécutions du ciel.)

L'image est chez François Villon dans *Le Lais,* dans l'épisode de l'entr'oubli :

Lors je sentis dame Memoire,
Reprendre et mectre en son aulmoire
Ses especes colaterales.

Huitain 36, vv. 284-286.

(Alors je sentis dame Mémoire reprendre et ranger dans son armoire les facultés dépendant d'elle.)

Raison hèle ainsi l'auteur des *Lunettes des Princes,* Jean Meschinot :

Mon enffant, esveille tes espriz et ouvre l'escrin et
coffret de ta memoire, pour loger ce beau don et
present que liberalement et de bon vueil te donne.

P. 34, lignes 91-93.

(Mon enfant, éveille ton esprit et ouvre l'écrin et le coffret de ta mémoire pour mettre ce beau don et cadeau que généreusement et de bon vouloir je te donne.)

Il s'agit du livre de la conscience et des lunettes qui permettent d'en prendre connaissance. Charles d'Orléans enferme le cœur de sa dame « ou coffre de [sa] souvenance » (ballade 32). Dans une autre ballade, il enclôt un miroir acheté à Amour :

Mettre le vueil et enfermer
Ou coffre de ma souvenance,
Pour plus seurement le garder.

T. I, ballade 35, vv. 24-26.

(Je veux le mettre et l'enfermer dans le coffre de mon souvenir pour le garder plus en sécurité.)

Le temps est mis au secret. Quelques mises en scène sont à rapprocher. Celle du livre trouvé dans une armoire, une bibliothèque de monastère, et que l'on traduit. L'ouverture est double, spatiale (ouvrir l'armoire) et symbolique (ouvrir la langue, le latin, fermée au laïc comme l'est la bibliothèque des clercs). Tel est le début du *Cligès* de Chrétien de Troyes :

> Ceste estoire trovons escrite,
> Que conter vos vuel et retraire,
> En un des livres de l'aumaire
> Mon seignor saint Pere a Biauvez ;
> De la fu li contes estrez.

> vv. 18-22.

> (L'histoire que je veux vous conter et vous rapporter, nous la trouvons écrite dans un des livres de la bibliothèque de Monseigneur Saint Pierre à Beauvais ; le conte a été extrait de là.)

Ainsi commence *Le Bestiaire* de Gervaise au XIIIe siècle, qui affirme traduire un livre trouvé dans une armoire à Barbery, abbaye cistercienne près de Bayeux.

Tel est l'épilogue du *Roman de Troie en prose* :

> [Si vos ai] ore menee a fin la veraie estoire de
> Troie, selon ce que ele fu trovee escritte el (sic)
> l'almaire de Saint Pol de Corynte en grezois
> langage, et dou grezois fu mise en latin, et ge l'ai
> translatee en françois[1].

> (J'ai maintenant achevé la vraie histoire de Troie ainsi qu'on l'a trouvée écrite en grec dans la bibliothèque de Saint Paul de Corinthe, et du grec elle fut mise en latin et je l'ai traduite en français.)

Tel est l'épilogue de la *Queste del Saint Graal* :

Et quant Boorz ot contees les aventures del Seint

---

1. Ms. Paris, Bibliothèque nationale, fonds français 1627.

Graal telles come il les avoit veues, si furent mises
en escrit et gardees en l'almiere de Salebieres, dont
Mestre Gautier Map les trest a fere son livre del
Seint Graal por l'amor del roi Henri son seignor,
qui fist l'estoire translater de latin en françois.

pp. 279-280.

(Et quand Boort eut raconté les aventures du Saint Graal
ainsi qu'il les avait vues, elles furent mises par écrit et
conservées dans la bibliothèque de Salisbury, d'où Maître
Gautier Map les a extraites pour composer son livre du Saint
Graal pour l'amour du roi Henri son seigneur, qui fit traduire
l'histoire de latin en français.)

Cette mise en scène de l'invention par le biais d'une trouvaille et
d'une *translatio* se rencontre encore dans le *Cymbalum Mundi* de
Bonaventure Des Périers, et au-delà. Le *Cymbalum* commence ainsi :

Il y a huyct ans ou environ, cher amy, que je te
promis de te rendre en langaige françoys le petit
traicté que je te monstray, intitulé *Cymbalum Mundi*,
contenant quatre dialogues poetiques, lequel j'avoys
trouvé en une vieille librairie d'ung monastere.

P. 3.

Une autre présentation est celle du livre trouvé dans un tombeau.
Voici comment s'ouvre la traduction française du *De vetula* attribué à
Ovide :

Ci commence Ovide de *La Vieille,* translaté de latin
en françois par Maistre Jehan Lefevre, procureur en
Parlement. Et fut trouvé ce livre en un petit cofret
d'ivoire en la sepulture du dit Ovide IIII^c ans apres
sa mort, tout frais et entier.

P. 1.

(Ici commence *La Vieille* d'Ovide, texte traduit du latin en
français par Maître Jean Le Fèvre, procureur au parlement. Et
ce livre fut trouvé dans un petit coffret d'ivoire dans la
sépulture du dit Ovide quatre cents ans après sa mort, en bon
état et complet.)

Mise en scène, enfin, du livre trouvé dans sa mémoire, dans son
trésor, tout écrit et que l'on transcrit :

Mychault aprés son premier somme
Trouva ce dit en son tresor
Et pour ce prie qu'on le nomme
Le songe de la thoison d'or.

> *Le Songe de la Toison d'or,* in *Un*
> *poète bourguignon du* XV*ᵉ* *siècle...,*
> vv. 739-742.

(Michault après son premier somme trouva ce dit en son
trésor, et pour cette raison, il prie qu'on l'appelle *Le Songe de la*
Toison d'or.)

Ainsi s'achève cette œuvre du poète Michault Taillevent.

Pensons au livre de la conscience, déjà évoqué, de Jean Meschinot
ou à cette prière de Guillaume Crétin aux grands maîtres de l'art
poétique :

Abbé d'Auton, et maistre Jehan Le Maire,
Qui en nostre art estes des plus expers,
Ouvrez l'archet de vostre riche aumaire,
Et composez quelque plainte sommaire
En regrettant l'amy qu'ores je pers.

> *Plainte sur le trespas ... [de] Guillaume de*
> *Byssipat,* in *Œuvres poétiques,*
> p. 174, vv. 541-545.

(Abbé d'Auton, et Maître Jean Lemaire, vous qui êtes des
plus experts en notre art, ouvrez le trésor de votre riche
bibliothèque et composez quelque plainte essentielle en
regrettant l'ami que maintenant je perds.)

Entre les tombes, entre les pages

Trois lieux s'offrent alors en parallèle : le cimetière, la mémoire et le
livre. Marquage de l'espace et du temps, marquage nouveau de la
culture, le cimetière se multiplie dans la littérature des XIV*ᵉ* et
XV*ᵉ* siècles. La promenade au milieu des tombeaux devient un lieu
lyrique et narratif qui circonscrit des genres, et rythme un imaginaire
mélancolique. Certes le cimetière existe comme lieu romanesque
dans la littérature antérieure. Que l'on pense à quelques scènes très
célèbres, comme celle du *Chevalier de la Charrete* de Chrétien de Troyes.

Mais les différences sont fondamentales. Le cimetière des XIIe et XIIIe siècles est le lieu de l'aventure et de l'exploit. On s'y qualifie en se battant contre un démon comme dans *Amadas et Ydoine*, texte de la fin du XIIe siècle, ou comme dans *L'Atre perilleux* (vers le milieu du XIIIe), au titre éloquent. *L'âtre* ou *aître*, qui représente le mot latin *atrium*, désigne en effet le terrain près de l'église, servant de cimetière. On y fait preuve de sa force, tel Lancelot dans *Le Chevalier de la Charrete* ; on y reçoit la révélation de son destin. Tournées vers le futur, les tombes attendent leurs morts :

> et s'avoit letres sor chascune
> qui les nons de ces devisoient
> qui dedanz les tonbes girroient.
>
> vv. 1860-1862.

(et sur chacune étaient écrits les noms de ceux qui reposeraient dans les tombes.)

Lancelot (dont on ignore encore le nom) soulève la pierre d'une de ces tombes, exploit pour lequel sept hommes auraient été nécessaires (v. 1897). La plaque porte le message suivant :

> Et letres escrites i a
> qui dïent : « Cil qui levera
> cele lanme seus par son cors
> gitera ces et celes fors
> qui sont an la terre an prison. »
>
> vv. 1899-1903.

(Et y était écrit : celui qui soulèvera cette pierre tombale, tout seul, délivrera ceux et celles qui sont emprisonnés dans le royaume.)

Le cimetière est prophétique. Il se lit dans la perspective de la résurrection. Les tombes doivent s'ouvrir et libérer leurs morts.

Il en va tout autrement des cimetières, nombreux, que l'on rencontre dans la littérature des XIVe et XVe siècles. Tournés vers le passé, ils sauvent par la pierre, par le monumental, des noms de l'oubli. Le cimetière tisse alors son rapport à la mémoire. Ce rapport aujourd'hui paraît évident ; il n'est pas inutile d'en montrer l'historicité. On voit de même, au cours de ces deux siècles, le mot *souvenir* et l'allégorie qu'il désigne changer de valeurs d'emploi. Force du virtuel, entretenant un lien essentiel avec Espérance, Souvenir glisse dans la sphère du passé, dans celle de la mélancolie. On peut à titre d'exemple mettre en regard deux formulations quasi contemporaines mais orientées différemment. Celle de Charles d'Orléans, dans laquelle Souvenir garde encore ses possibilités expressives anciennes, et en particulier son lien avec l'avenir :

> Qui ? quoy ? comment ? a qui ? pourquoy ?
> Passez, presens ou avenir,
> Quant me viennent en souvenir
> Mon cueur en penser n'est pas coy.
>
> T. II, rondeau 300.

(Qui ? quoi ? comment ? à qui ? pourquoi ? Passé, présent ou avenir, quand ils me viennent à l'esprit, font que mon cœur, en cette pensée, n'est pas tranquille.)

Dans la formulation de René d'Anjou dans *Le Livre du Cuer d'Amours espris,* la mutation est accomplie. Il s'agit de la description de la cinquième pièce de tapisserie de la salle d'Amour, consacrée à Souvenir :

> Nommé suys Souvenir, avec Pensee aussi,
> Qui forgeons sans cesser, comme voyez icy,
> Fleurectes d'ancolies et soucïes tousjours
> Sur l'enclume de paine, de marteaulx de labours,
> Pour aux dolans amans qu'ont dames sans mercy
> Faire des chappelez avec fleurs de rebours.
>
> P. 176.

(Je suis nommé Souvenir, et avec Pensée, nous forgeons sans cesse, comme vous le voyez ici, de petites fleurs d'ancolie et de souci, sur l'enclume de peine, avec des marteaux de labeur, pour faire aux pauvres amants qui ont des dames sans merci, des couronnes de fleurs de regrets.)

Souvenir a quitté la sphère de l'imagination qui était la sienne pour entrer dans celle de la mémoire. L'absence se monnaie en écriture. On ne joue plus avec la mort, c'est elle qui joue et qui danse et qui se joue. Le thème de la danse macabre dans sa représentation iconographique n'est pas antérieur, dans l'état actuel de nos connaissances, à 1400. L'imaginaire romanesque de la fausse mort disparaît.

On ne ressort plus de sa tombe comme dans *Cligès*, on y rentre. On ne sauve plus son corps glorieux, mais on tente, par des moyens divers, de préserver son nom ou plutôt son renom. Le cimetière, de prophétique qu'il était, devient didactique.

Les cimetières qu'offre alors la littérature sont d'abord des cimetières amoureux. De la mort d'amour individuelle on passe au cimetière d'Amour. On lit chez Christine de Pizan dans *Le Debat de deux amans*, daté des années 1400, une esquisse ironique du thème. Un chevalier triste a évoqué les maux qui sont en amour. Une dame sceptique lui répond :

> ... Je croy, par saint Nycaise !
> Qu'homme vivant n'est, a nul n'en desplaise,
>   Qui peust porter,
> Tant soit il fort, les maulz que raconter
> Vous oy yci, sanz la mort en gouster ;
> Mais je n'ay point ou sont ouÿ conter
>   Ly cymentiere
> Ou enfouÿ sont ceulz qu'amours entiere
> A mis a mort, et qui por tel matiere
> Ont jeu au lit ou porté en litiere
>   Soient au saint
> Dont le mal vient ; et quoy que dient maint
> Je croy que nul, fors a son aise, n'aint.

> *Œuvres poétiques*, t. II, vv. 982-994.

(Je crois, par saint Nicaise, qu'il n'existe pas — que cela ne déplaise à personne — l'homme qui pourrait porter, si fort soit-il, les tourments que je vous ai entendu raconter ici, sans succomber ; mais je n'ai pas entendu parler de cimetières où sont ensevelis ceux qu'un amour sans faille a tués et qui pour cette raison ont dû s'aliter ou être portés sur une civière au saint d'où vient le mal ; et quoi qu'en disent beaucoup, je crois que personne n'aime sinon à son plaisir.)

Le thème du cimetière d'Amour se cristallise, si l'on suit la piste indiquée par Christine de Pizan, à partir des listes d'*exempla* des amants malheureux, morts par amour ou à cause de leur amour : Pâris, Pyrame, Léandre, Achille, Tristan, mais aussi Œnone, Thysbé, Didon, Yseut, la Châtelaine de Vergi. Ces listes sont tres fréquentes. *Le Debat de deux amans* en comporte une, précisément, fort complète.

Ces exemples sont invoqués tour à tour, comme arguments pour ou contre l'amour, pour ou contre les femmes. On aurait confirmation de cette hypothèse avec *La Cruelle Femme en amour* d'Achille Caulier, texte écrit vers 1430 dans la mouvance de *La Belle Dame sans mercy*. Caulier est l'un des premiers à proposer un tel cimetière amoureux. Nous sommes dans un songe. Le narrateur vient de visiter le Temple de Vénus :

> Quant faitte euz ma pensee entiere,
> Je suy hors du temple passez
> Et entré ens ou cementiere
> Ou gisoient les trespassez.
> Par les tombes cogneuz assez
> De ceulx qui gisoyent en terre,
> Qui onques ne furent lassez
> D'amer lealment sans meffaire.
>
> Je y cogneuz Helaine et Paris, [...]
> Strophes 27-28, vv. 209-217.

(Après cette pensée, je sortis du temple et entrai au cimetière où gisaient les trépassés. Parmi les tombes de ceux qui étaient ensevelis, je reconnus beaucoup de ceux qui ne se lassèrent jamais d'aimer loyalement, sans mal faire. J'y reconnus Hélène et Pâris [...].

Achille Caulier reprend cette formule dans son *Hôpital d'Amour* que citent Martin Le Franc et René d'Anjou.

Que signifie remplacer une énumération de noms par une énumération de tombes ? Une spatialisation tout d'abord, qui est aussi un passage de l'abstrait au concret ; une translation ensuite de la parole à la vue, à l'écrit et à l'écrit monumental. Le didactisme passe par le tableau, par l'imagination d'un lieu. La promenade dans les cimetières où l'on s'arrête au pied des monuments devient analogue à la promenade dans sa mémoire monumentalisée, qu'enseignent tous les arts de mémoire de l'époque.

Martin Le Franc, une dizaine d'années plus tard, dans son *Champion des Dames*, raffine le système. Poursuivant les possibilités offertes par l'allégorie spatiale, il promène son héros Franc Vouloir du château d'Amour au château de Vénus, lui fait comparer les deux demeures, l'une positive, l'autre négative, et en particulier leur cimetière. Le cimetière d'Amour apparaît comme la version mélancolique du *locus amoenus,* du Paradis :

> Du pré tout couvert de blans marbres,
> Semé de flours tresoudourans
> Et umbroyé de haults vers arbres,
> L'encens et le balsme flairans [...]
> Tantost departismes.

vv. 1937-1940 et 1943.

> (Du pré tout couvert de monuments de marbre blanc, semé
> de fleurs très odorantes et ombragé de hauts arbres verts,
> sentant le baume et l'encens [...] bientôt nous partîmes.)

Le cimetière de Vénus, *locus amoenus* inversé, est une antichambre de l'Enfer :

> Tant alasmes en regardant
> Celuy cymentiere piteux
> Que nous venons au trou ardant,
> Au trou horrible et despiteux.

vv. 1361-1364.

> (Nous parcourûmes tant, en l'observant, ce cimetière qui
> remplit de pitié que nous arrivâmes au trou ardent, au trou
> horrible et hideux.)

Les plaintes des âmes remplacent le chant des oiseaux. Ce qui s'élevait vers le ciel : « les haults vers arbres », cède la place à ce qui rampe et cache : la vieille mousse, les buissons épineux (vv. 1347-1348). L'architectural, devenu une variante possible de la fleur, dans la version positive, disparaît sous un végétal hostile. La tombe ne remplit plus sa fonction de préserver le nom. Le cimetière n'est plus de mémoire, mais de déshonneur et d'oubli. Le cimetière d'Amour, en revanche, a rapport avec l'art tel qu'il est conçu à l'époque. L'écriture y remplace la voix, la poésie lyrique est cristallisation, joyeuse, selon l'esthétique ancienne, de la plainte. Les chapelles sont :

> Plaines de dictiers gracieux
> Et de rondeaulx en lieu de plaintes
> Pour amuser les amoureux.

vv. 1990-1992.

(pleines de compositions gracieuses et de rondeaux au lieu de plaintes pour distraire les amoureux.)

Le point d'aboutissement du cimetière amoureux est chez René d'Anjou dans son *Livre du Cuer d'Amours espris*. On n'y célèbre plus simplement les amants malheureux et notoires mais les poètes, maîtres de la rhétorique et de la théorie amoureuse, maîtres de l'écriture d'amour. Le cimetière « grand et plantureux » selon René d'Anjou (p. 141) se fait bibliothèque. On y distingue six tombes « non pas loign des autres mais comme mises a part et environnees de mur pour plusgrant excellence et espicialité, lesquelles estoient en nombre jucques a six et non plus ». Ce sont celles d'Ovide, de Guillaume de Machaut, de Boccace, de Jean de Meun, de Pétrarque et d'Alain Chartier. Anthologie prestigieuse.

On voit ce que la formule doit au modèle du pèlerinage, à Guillaume de Digulleville et à ses pèlerinages de la *Vie humaine,* de l'*Ame* et de *Jesus-Christ* mais surtout à Dante et à *La Divine Comédie* que Martin Le Franc cite dans *Le Champion des Dames.* La promenade comme le pèlerinage permet au sujet d'inventer et d'investir des lieux. Elle suscite une imagination géographique. Mais, dans un cas, le sujet est acteur et progresse sur la voie du bien. Dans l'autre, il est spectateur, témoin, œil qui regarde, main qui note. La promenade dans les cimetières, moins téléologique que le pèlerinage, correspond au sentiment d'une époque qui pense moins au salut de son âme qu'à la survie de son nom.

Si la liste des amants infortunés engendre bien le cimetière amoureux, variante spatiale de l'*ubi sunt* temporel, il en va de même pour toutes les autres énumérations d'hommes et de femmes célèbres qu'affectionne l'écriture de l'époque. Le procédé permet en effet aux auteurs, nous l'avons vu avec les exemples de Cadmus et de Carmentis, de s'inscrire potentiellement dans une généalogie rêvée ou de s'exclure d'une filiation réprouvée. Pensée généalogique nouvelle qui ne passe plus par le sang mais par le nom ou plutôt le renom. C'est à ce moment que se cristallise la liste des neuf preux et des neuf preuses, que se répandent les énumérations d'hommes et de femmes célèbres à la suite des deux livres de Boccace : *De casibus virorum illustrium* et *De mulieribus claris,* plusieurs fois traduits et auxquels on fait de nombreux emprunts. Goût pour la liste. Le temps est aux inventaires, inventaires réels ou imaginés de sa bibliothèque, testaments qui sont une forme codée d'inventaires, faux inventaires après décès, tel cet *Inventaire des biens demourez du decés de l'amant trespassé de dueil* de Pierre de Hauteville, le prince de la Cour d'Amour, faisant suite à sa *Confession et Testament de l'amant trespassé de dueil.* On y lit :

> La fut trouvé ung cartulat
> En françois rond sans quelque gloze,
> Le livre *Lancelot du Lac*
> Et ung vielz *Rommant de la Rose*
> [...]
>
> Le livre des *Joies et Doulours*
> *Du Jenne Amoureux Sans Soucy,*
> *La Belle Dame Sans Mercy*
> Et aussi l'*Ospital d'Amours ;*
>
> *Passe temps Michault* y estoit,
> *L'Amoureux rendu cordelier*
> Et d'autres livres ung millier
> Ou le Defunct si s'esbatoit.
>
> vv. 429-432 et 437-444.

(Là on trouva une charte en français simple, sans aucune glose, le livre de *Lancelot du Lac* et un vieux *Roman de la Rose* [...], le livre des *Joies et Douleurs du Jeune Amoureux sans Souci* et aussi *L'Hôpital d'Amour ; Le Passe Temps* de Michault s'y trouvait, *L'Amoureux rendu cordelier* et un millier d'autres livres où le défunt se divertissait.)

Le cimetière est un lieu privilégié pour la réalisation spatiale de ces listes. Deux imaginaires en fait s'affrontent, faisant le même recours à l'espace et à la vue : un imaginaire conquérant — de noms, on bâtit des villes. C'est le cas de Christine de Pizan dans *Le Livre de la Cité des Dames ;* un imaginaire nostalgique : on contemple ces mêmes noms, ou d'autres, écrits sur des tombeaux. C'est le cas de Georges Chastelain dans *Le Temple de Bocace,* texte de 1465. L'auteur « entroublié ung peu envers l'aube du jour » (p. 7, lignes 4-5), perdu dans ses pensées, un peu vers l'aube du jour, entre dans une vision. Une voix l'appelle :

> en vertu de la voix, je me trouvay, ne sçay
> comment, en ung cimitere plain de tombes
>
> P. 9, lignes 5-6.

(Par le pouvoir de la voix, je me trouvai, je ne sais comment,
dans un cimetière plein de tombes.)

Défile sous les yeux de l'auteur, par le biais des tombes, un aperçu de l'Histoire universelle, des Assyriens aux Français. L'auteur est passif, pur regard. Son rôle est d'enregistrer et de témoigner par l'écriture, son geste dupliquant en abyme celui du premier compilateur. La voix sans nom s'adresse ainsi à l'_acteur_, l'auteur, à la fin du livre :

> O George [...] En ensievant doncques la nature du
> cas et dont tu es seul secretaire, seul auditeur et le
> seul ycy choisy, affin que la memoire n'en perisse et
> que ta vision peust autre part donner fruit, il te
> enjoint que tu le mettras par escript et que, toy
> riglant selon la retencion que tu en as et dont on se
> confie en toy, tu [le] publies par les royales cours et
> ailleurs, la ou il porra servir.
>
> P. 193, lignes 8 et 10-16.

(O Georges [...] En suivant donc la nature du cas, dont tu es le seul secrétaire, le seul auditeur, le seul ici choisi, afin que la mémoire n'en meure et que ta vision puisse fructifier, il t'enjoint de le mettre par écrit en te réglant sur ce que tu auras retenu et sur ce qu'on t'a confié, et de le publier dans les cours royales et ailleurs, là où il pourra servir.)

Dans les années 1500, Antitus, chapelain du prince-évêque de Lausanne, Aymé de Montfalcon, reprend l'œuvre de Georges Chastelain et la continue sous forme — c'est le titre de l'œuvre — d'un _Portail du temple de Bocace_. Il fait entrer dans ce cimetière de mémoire les proches de son évêque, les morts récents :

> Du temple fut Bocace fondateur,
> Le collecteur d'histoires anciennes,
> Du cymitiere premier instituteur,
> Messire George [...]
>
> P. 53, vv. 41-44.

(Du temple, Boccace fut le fondateur, lui qui a recueilli les anciennes histoires, celui qui a le premier institué le cimetière est Monseigneur Georges.)

Ces cimetières littéraires sont bien différents, dans leur visée morale, des cimetières de l'époque tels que nous les restituent les historiens. Leçon d'humilité, leçon d'égalité, le cimetière historique fait disparaître rapidement ses morts pour ne parler que de la Mort. Pensons au si justement célèbre cimetière des Innocents à Paris dont Jean Meschinot nous dit dans *Les Lunettes des Princes,* par la bouche de Justice :

> Si tu vas a Saint-Innocent
> Ou il y a d'ossement grant tas,
> Ja ne congnoistras entre cent
> Les os des gens des grans estas
> D'avec ceulx qu'au monde notas
> En leur vivant, povres et nus :
> Les corps vont dont ilz sont venuz.

vv. 733-739.

(Si tu vas à Saint-Innocent, où il y a des montagnes d'ossements, tu ne distingueras pas, entre cent, les os des gens de grande condition de ceux qui, en leur vie, étaient pauvres et nus : les corps retournent d'où ils viennent.)

Et Emile Mâle nous rappelle : « Il y avait alors entre les morts une égalité parfaite : les riches n'avaient pas, comme aujourd'hui, pignon sur rue au cimetière. Quand le temps était venu, on vendait leur pierre tombale, et leurs os allaient s'entasser dans les charniers, qui surmontaient le cloître » (*L'Art religieux de la fin du Moyen Age en France,* p. 360). C'est le message de François Villon dans *Le Testament* :

> Quant je considere ces testes
> Entassees en ces charniers,
> Tous furent maistres des Requestes,
> Au moins de la Chambre aux deniers,
> Ou tous furent portepaniers ;
> Autant puis l'un que l'autre dire,
> Car d'evesques ou lanterniers,
> Je n'y congnois riens a reddire.

Huitain 162, vv. 1744-1751.

(Quand je considère ces têtes entassées dans ces charniers, ils furent tous maîtres des Requêtes, pour le moins, maîtres de l'Hôtel des Finances, ou ils furent tous colporteurs ; je puis aussi bien dire l'un que l'autre, car de l'évêque à l'allumeur de lanternes, je ne vois aucune différence.)

Leçon d'orgueil, au contraire, ou du moins volonté d'une survie par la gloire, le cimetière de mémoire se veut trace par-delà les tombeaux.

On voit comment la représentation du cimetière s'apparente à celle de la mémoire et du livre. Tous sont pensés comme lieux englobants, contenants, réceptacles, dans une dialectique subtile de l'ouverture et de la fermeture, non plus par la force, mais par la lecture. Tous ils se présentent comme tableaux à déchiffrer. On trouverait dans cette dernière valeur la raison profonde de l'insistance que met René d'Anjou à signaler les types de lettres grâce auxquels sont rédigées les épitaphes dans son cimetière d'Amour du *Livre du Cuer d'Amour espris* : « en lectres et langaige romain » (p. 121) pour la tombe de Jules César, « en ancienne lectre lombarde » (p. 122) pour la tombe d'Auguste, « lectres en ebreu escriptes » (p. 124) pour la tombe de David, mais portant au-dessous leur traduction en français. La motivation va au-delà des goûts d'antiquaire du prince. Les lames blanches des tombeaux que marquent les épitaphes sont à lire comme les pages blanches des livres que noircissent les caractères. Cimetière, mémoire, livre offrent une fonction identique : la *remembrance*. Tous contiennent des objets discontinus, morceaux épars à remembrer, aux deux sens du terme : *remembrare* et *rememorare*. On lutte contre la décomposition du corps, « viande pour les vers » selon Eustache Deschamps (t. I, refrain de la ballade 120), par le marbre du tombeau ; contre la dissolution du souvenir par la mémoire qui *recorde,* qui rappelle ; contre l'oubli et la dispersion par le livre qui *re-corde,* prend à son fil, tresse en couronne, en chapelet. L'anagramme, si fréquente dans ces textes, est la mise en abyme même de ce double mouvement qui désassemble pour rassembler, qui démembre et remembre les noms. Pulsation de la mémoire. On « couche par escript ». L'écriture se fait tombeau. Volonté de survie par la trace et l'activité de lecture qu'elle programme.

On connaît le texte célèbre de la fin du *Phèdre* où s'exprime le mépris des Grecs pour l'écriture et le livre. Platon fait dire au roi Thamus refusant l'invention de Thôt, l'alphabet :

Il ne produira que l'oubli dans l'esprit de ceux qui apprennent, en leur faisant négliger la mémoire... et tu n'offres à tes disciples que le nom de la science sans la réalité.

Pétrarque rappelle dans ses *Remèdes de la bonne et de la mauvaise fortune (De remediis utriusque fortunae)* le bon usage du livre :

> Pour acquérir de la gloire par les livres, il faut non les posséder, mais les connaître, les confier non à sa bibliothèque, mais à sa mémoire, les loger non sur ses tablettes, mais dans son cerveau, autrement personne ne sera plus glorieux qu'un libraire public ou même une bibliothèque.
>
> *De l'abondance des livres,* pp. 26-27.

Que signifie le lien nouveau de la mémoire et du livre, pensés en termes d'homologie, à la fin du Moyen Age ? Il marque un choix quant aux possibilités de perpétuation. Il met en parallèle la reproduction par le lignage, par l'engendrement sexuel, fait des nobles, et la reproduction par le livre, fait du clerc. On assiste par là même à un épisode de cette confrontation du clerc et du chevalier dont les débats, depuis des siècles, en latin, puis en français, portent témoignage. Les thèses sont admirablement résumées par Eustache Deschamps dans son *Miroir de Mariage.* Argument pour le mariage, la survie par le lignage :

> Et donques par plus fort raison,
> Tu, qui es raisonnables hom
> Et qui as ame intellective
> Perpetuel, saige et soubtive
> Doiz mieulx tendre a avoir lignée
> Par le moien d'espouse née
> Que tu deusses prandre et henter
> Pour ta forme representer,
> Toy et ton nom après la mort
> Selon la loy.
>
> *Œuvres complètes,* t. IX, vv. 189-198.

(Et donc, à plus forte raison, toi qui es homme raisonnable et qui as une âme intelligente, éternelle, sage et subtile, tu dois tendre encore plus à fonder une lignée par le moyen d'une épouse que tu devrais prendre et connaître pour garder ta forme et ton nom après la mort selon la loi.)

Le lignage est mémoire. Que faire alors si l'on est noble et sans enfants ? Fonder une ville, c'est l'exemple d'Epaminondas que Christine de Pizan cite dans son *Livre du Corps de Policie*.

Argument contre le mariage, la survie par le livre. Car certes, si l'on continue bien « memoire par trois choses » (*Miroir de Mariage*, vv. 8022-8023), la vaillance, la science, la construction de villes, « tout se ramaine a escript » (v. 8024) :

> Ancor n'ara tant travillié
> Chevaliers ne li clers villé,
> Se leurs fais n'estoient escrips,
> Si com j'ay leu en mains escrips,
> Figurez ou mis en painture,
> Qui tout revient a escripture,
> Ou taillez de pierre de taille,
> Comme on figure une bataille,
> Ou comme l'en fait voulentiers
> Les ymaiges en ces moustiers
> Des vierges, des sains et des sainctes.

> *Miroir de Mariage*, in *Œuvres complètes*,
> t. IX, vv. 7995-8005.

(Le chevalier aurait, en vain, pris tant de peine et le clerc veillé, si leurs actions n'étaient écrites, ainsi que je l'ai lu dans maints ouvrages, représentées ou peintes (car tout revient à de l'écrit), ou sculptées en pierre de taille, comme on le fait pour une bataille, ou ainsi que l'on réalise volontiers, dans les églises, les images de la Vierge, des saints et des saintes.)

La mémoire a rapport à la génération comme le livre. Des expressions le disent obliquement. Ainsi le mot *armoire,* si souvent employé pour désigner la mémoire, nomme aussi les parties naturelles de la femme. De même, l'image de l'impression, de l'empreinte, vaut pour ce qui s'enregistre dans la mémoire comme pour ce qui s'engendre dans la matrice. Matrice, mémoire. Le parallélisme se trouve, explicite, chez Christine de Pizan. On passe de la femme à la *fame, fama,* la renommée. La prononciation des deux termes est identique au Moyen Age, et parfois la graphie. Triomphe du clerc, orgueil de l'écrivain.

Jean Roudaut ouvre un de ses beaux livres, *Autre part. Paysages d'accompagnement,* par ce décasyllabe magnifique :

Je n'ai jamais écrit que des tombeaux.

Le Moyen Age finissant, qui a abandonné la voix pour le livre, le chaud, le palpitant pour le marbre, l'oiseau pour la tombe, pourrait clore son désenchantement, sceller son recueillement, d'une telle formule. Des tombeaux ? ou tout aussi bien, pensons à Pétrarque, des triomphes.

Les compagnons, ceux du vers, du vin de l'esprit

La littérature du XIVe siècle peut s'interpréter selon le réseau vertical de la filiation, des pères et de l'engendrement de la matière. Elle se comprend aussi dans les termes d'un réseau horizontal, celui des compagnons. L'auteur ne se place plus seulement dans une lignée, celle des inventeurs par exemple, mais dans un groupe, groupe d'amis de plaisir et d'écriture. Les fratries ne sont plus uniquement chevaleresques mais littéraires. On passe des pères aux pairs, en quelque sorte.

Ce réseau horizontal se développe sous deux aspects : celui des confréries joyeuses, compagnies bachiques et goliardiques, réseau *in praesentia* des amis avec lesquels on festoie ; celui des compagnies sérieuses, des cercles d'humanistes, réseau *in absentia* des amis auxquels on écrit. Sous toutes ces formes, ce compagnonnage témoigne d'une immense vitalité littéraire, d'un goût de l'écriture et du plaisir des lettres.

Le premier réseau se place sous le signe de la joie et du vin. Joyeux buveurs et gais lurons se regroupent à l'enseigne des *galois,* des *frequentans* de la taverne. En témoigne cette *Charte des bons enfans de Vertus en Champaigne* composée par Eustache Deschamps et datée d'août 1372 :

> Le souverain des Frequentans,
> Qui sa vie a usé cent ans
> A cuir taverne a Vertus,
> Bien gouvernez et mal vestus,

A touz les enfans de la ville
Qui a frequenter sont habile, [...]
Salut !

T. VII, pièce 1400, vv. 1-6 et 10.

(Le souverain des Bons Vivants qui a passé cent ans de sa
vie à fréquenter les tavernes à Vertus, bien gouverné et mal
vêtu, à tous les enfants de la ville qui à courir les mauvais lieux
sont habiles, [...], salut !)

Les *galois*, les gais lurons, traversent les XIVe et XVe siècles. Ils sont
chez Gilles Li Muisis. Dans *La Complainte des Compagnons*, Campions
s'adresse à Gilles :

Vous fustes cancelier dou prince de le Gale

Poésies, t. II, p. 261, v. 17.

(Vous fûtes chancelier du prince des Gais Lurons)

qui lui répond :

Le prince de le Gale je siervi loyalment

Ibid., t. II, p. 266, v. 2.

(J'ai servi loyalement le prince des Gais Lurons)

Les « gentils Galois » pleurent la mort de Guillaume de Machaut
dans la double ballade qu'Eustache Deschamps compose pour la
mort de son maître : « Faictes devoir, plourez, gentils Galois » (t. I,
ballade 124, p. 246). Ce vers fait écho, dans un registre de voix
différent, au : « Vestez vous noir, plourez tous, Champenois » (t. I,
ballade 123, p. 244) de la première ballade.

Geoffrey Chaucer lit son nom Geoffrey, *Galfriedus,* comme signifiant l'ami de la gaîté. Les *galois* se rencontrent chez Jean Froissart
dans les *Chroniques*. Ce sont les « compains de galle » du *Testament* de
François Villon :

A vous parle, compains de galle,
Mal des ames et bien du corps.

vv. 1720-1721.

(C'est à vous que je parle, compagnons de plaisir, mauvais
en âme et bons du corps.)

François Villon leur adresse une ballade, la *Ballade de bonne doctrine*, dont le refrain est significativement :

Tout aux tavernes et aux filles.

Le Testament, vv. 1692-1719.

Le Chevalier de La Tour Landry, vieillissant, se souvient du temps de sa jeunesse où il chevauchait avec les compagnons. Ces derniers priaient d'amour dames et demoiselles sans compter :

tant estoyent beaux langagiers et emparlez

P. 3.

(tant ils avaient la parole belle et facile)

Le vin, par ailleurs, intervient dans la définition du poète et de la poésie de deux manières. Il permet au poète de se composer une *persona* jongleresque, dans une pose humble et amusée mimant un état qu'il a, en fait, quitté. Le poète se fait laid, affligé d'une tare physique dégradante, œil borgne (Guillaume de Machaut, Jean Molinet), calvitie (Eustache Deschamps — les cheveux tondus sont un des signes qui désignent les fous), boiterie (Jean Le Fèvre). Dans tous les cas, ces auteurs, qui disent développer un goût particulier pour le vin, se donnent comme laids et comme poètes. Eustache Deschamps se proclame ainsi avec une certaine allégresse « le roy des Lays » (t. IV, ballade 774). Jean Molinet se désigne comme « le maire des letz », le plus grand des laids (*Les Faits et Dits*, t. I, p. 400, v. 28).

Le surenchérissement est caractéristique des générations postérieures et l'on note le clin d'œil de biais (« Moy borgne d'œul et le maire des letz ») à un autre poète, parent de Molinet, Jean Lemaire. Roi des laids, Eustache Deschamps l'est aussi des lais ainsi qu'en témoigne son *Art de Dictier* :

Et de ceste musique naturele [...], vueil je traictier
principaument, en baillant et enseignant un petit de
regle ci après declarée a ceuls que nature avra
encliné ou enclinera a ceste naturele musique, afin
que ilz saichent congnoistre les façons et couples
des *lais* [...].

T. VII, p. 272.

(Et de cette musique naturelle [c'est-à-dire de la poésie] [...], je veux principalement traiter en donnant et en enseignant un petit ensemble de règles, que j'expose ci-dessous, à ceux que nature aura inclinés ou inclinera à cette musique naturelle, afin qu'ils connaissent les façons de faire les strophes des lais [...].)

Mais vin, laideur et poésie composent une figure grotesque du poète qui est aussi une figure divine, celle de Bacchus, « Bacchus, poete divin » (t. VIII, lettre 1420, v. 93), « ce hault poete divin/ Bachus » (t. VIII, ballade 1437, vv. 18-19) selon Eustache Deschamps. Le jeu de mots fonctionne de manière profonde qui met en parallèle le vin et le divin. Chez Guillaume de Machaut dans *Le Dit de la Harpe*, c'est Orphée qui est qualifié de « poëte devin » :

> Quant Orpheüs le poëte devin
> Fit sacrefice ou il n'ot point de vin
>
> vv. 31-32.

(Quand Orphée, le divin poète, fit un sacrifice qui ne comportait pas de vin)

Le poète est pris entre une figure d'Orphée et une figure de Bacchus, une figure d'harmonie et une autre de désordre, de démesure et en particulier de démesure sexuelle, par excès ou par défaut. Eustache Deschamps joue sans cesse, et Jean Molinet après lui, sur le parallélisme possible entre vocabulaire désignant l'acte sexuel et vocabulaire de la création littéraire. Des mots comme *œuvre, besogne* fonctionnent sur ces deux plans. Il est d'étranges échos. L'*Ovide moralisé* évoque Silène, présent avec Priape, aux noces de Thétis et Pélée :

> A ces noces fu Silenus,
> Li viellars yvrais, qui but tant
> Que le vin aloit sangloutant
> Et vomissant parmi la bouche
> Si ne se mut plus c'une couche.
>
> T. IV, livre XI, vv. 1284-1288.

(A ces noces se trouvait Silène, le vieillard ivrogne, qui but tant qu'il hoquetait du vin et en vomissait par la bouche et ne se bougeait pas plus qu'une souche.)

Larmes de vin. Le passage est repris par Guillaume de Machaut dans *La Fonteinne amoureuse* qui garde Priape « o sa perche / Qui sa robe lieve et reverche », vv. 1675-1676 (avec sa perche [son sexe dressé] qui soulève et retrousse son vêtement) et néglige Silène. Mais on lit dans le *Voir Dit* :

> Amours ne m'amoit, ne je li,
> Ainçois ressambloie à celi
> Qu'on compere à une viés souche
>
> vv. 735-737.

> (Amour ne m'aimait pas et je ne l'aimais pas non plus ; au contraire, je ressemblais à celui qu'on compare à une vieille souche)

Le poète vieillissant en proie à la mélancolie qui l'éloigne de l'amour se verrait-il comme silène grotesque, le « vieillard yvrais » de l'*Ovide moralisé* ? L'exemple paraît plus précis dans le *Voir Dit*, mais un écho indirect s'opère malgré tout par la rime. Eustache Deschamps lie les vapeurs du vin :

> Dont le cervel est enfumé
> Et pluseurs en sont enrumé
>
> T. VII, pièce 1400,
> vv. 25-26.

> (dont le cerveau est enfumé et plusieurs à cause de cela s'enrhument)

aux vapeurs de la mélancolie et de la poésie. Il crée l'ordre des fumeux :

> Jehan Fumée, par la grace du monde
> Ou tous baras et tricherie habonde,
> Empereres et sires des Fumeux,
> Et palatins des Merencolieux,
> A tous baillis, prevosts et seneschaulx, [...]
> Amour, salut avec dilection !
>
> T. VII, *La Chartre des Fumeux*, pièce 1398.

> (Jean Fumée, par la grâce du monde dans lequel abondent fausseté et tricherie, empereur et seigneur des Fumeux et valeureux chevalier des Mélancoliques, à tous les baillis, les prévôts et les sénéchaux, amour et salut !)

Il y a pour tous ces clercs un rapport entre le vin et le livre. Un florin « contrefait », comme le poète, un florin de mauvais aloi et qui a échappé pour cette raison même à la dispersion, fait le bilan de ses dépenses à son maître, Jean Froissart :

> Tout premiers, vous avés fait livres
> Qui ont cousté bien .VII^c. livres.
> L'argent avés vous mis la bien ;
> Je le prise sus toute rien,
> Car fait en avés mainte hystore
> Dont il sera encore memore
> De vous ens ou temps a venir [...].
> Et les tavreniers de Lestines,
> Entroes que la vous ordeniés
> Et que la cure gouvreniés,
> En ont bien eü cinq cens frans.

> *Le Dit dou Florin,*
> in *Dits et Débats,*
> p. 181, vv. 199-205 et 208-211.

(En premier, vous avez fait des livres qui ont bien coûté sept cents livres. En cela, vous avez bien placé votre argent. J'apprécie cet investissement par-dessus tout car vous en avez fait de nombreuses histoires par lesquelles on se souviendra encore de vous au temps à venir. Et les taverniers d'Estinnes-au-Mont, pendant que vous composiez là-bas et que vous administriez la cure, en ont bien eu cinq cents francs.)

La troisième cause de pauvreté de Jean Froissart, selon le florin, ce sont les voyages. Vin, écriture, voyages dessinent un paysage nouveau de l'imagination littéraire au XIVe siècle.

Le réseau horizontal des compagnons peut se faire savant, se placer sur le plan de la lutte virulente ou amicale pour la conquête d'une maîtrise, ou sur celui de la reconnaissance littéraire. On connaît la querelle qui oppose Pétrarque aux humanistes français, Anseau Choquart, Jean de Hesdin, autour de l'affirmation de celui-là : « Extra Italiam oratores et poetas non querendos », *Seniles*, IX, 1 (Il ne faut pas chercher d'orateurs et de poètes hors d'Italie). Non pas en latin mais en français, l'échange de ballades entre Philippe de Vitry, Jean de Le Mote et Jean Campion, au milieu du siècle, est significatif. Il met en circulation une façon de parler de la poésie sous les couleurs de la mythologie, une célébration de l'inspiration et des Muses. Philippe de Vitry accuse Jean de Le Mote de ne pas savoir faire voler Pégase, « tu, qui ne vaulz une mite / A Pegasus faire voler » (vv. 25-26) :

> Certes, Jehan, la fons Cirree
> Ne te congnoit, ne li lieux vers
> Ou maint la vois Caliopee.
> Car amoureus diz fais couvers
> De nons divers
>
> p. 508, vv. 19-23.

(Certes, Jean, la fontaine de Cirrée t'ignore ainsi que le lieu où habite la voix de Calliope. Car tu fais des dits amoureux couverts de noms divers)

Jean de Le Mote répond de manière révérencieuse :

> O Victriens, mondains Dieu d'armonie,
> Filz Musicans et per a Orpheus,
> Supernasor de la fontaine Helye, [...]
> Car en la fons Cirree est tes escus.
>
> p. 509, vv. 1-3 et 15.

(O Vitry, dieu terrestre de l'harmonie, fils de Musaeus et l'égal d'Orphée, Ovide superlatif [*Naso* est le nom d'Ovide] de la fontaine de l'Hélicon, [...] Car dans la fontaine de Cirrée se trouve ton écu.)

Cette *fons Cirree,* cette fontaine, cette source des Muses, se retrouve chez Eustache Deschamps dans l'une des ballades qu'il compose à l'occasion de la mort de Guillaume de Machaut. Le scribe n'a pas compris la mention de Cirrée et transcrit Circé :

> La fons Circé et la fontaine Helie
> Dont vous estiez le ruissel et les dois.
>
> T. I, ballade 124, vv. 9-10.

(La fontaine de Cirrée et la fontaine de l'Hélicon dont vous étiez le ruisseau et les conduits.)

On lit de même dans une ballade où Eustache Deschamps déplore le vol d'un de ses manuscrits :

> Doulz Zephirus qui faiz naistre les flours,
> Printemps, Esté, Autompne, et Aurora,
> Plourez o moy mes dolentes dolours
> Et le jardin que jadis laboura
> Fons Cireus, ou Galiope ouvra,
> Qui de ses fleurs avoit fait un chapel.

T. V, ballade 984, vv. 1-6.

(Doux Zéphir, toi qui fais naître les fleurs, Printemps, Eté, Automne et Aurore, pleurez avec moi mes douloureuses peines, et le jardin que travailla jadis la fontaine de Cirrée où Calliope œuvra qui de ses fleurs avait fait une couronne.)

Le livre est un jardin arrosé par la fontaine des Muses.

Cirrea apparaît encore dans l'invocation par laquelle Chaucer ouvre *Anelida et Arcite* (*The Works*, p. 304, v. 18).

Un intense réseau d'échanges littéraires s'institue à travers l'Europe. Eustache Deschamps adresse une ballade à Geoffrey Chaucer, « d'amours mondains Dieux en Albie », v. 12 (dieu terrestre de l'amour en Angleterre) :

> A toy pour ce de la fontaine Helye
> Requier avoir un buvraige autentique

T. II, ballade 285, vv. 22-23.

(Pour cette raison, je te demande d'avoir une boisson authentique venant de la source située sur l'Hélicon.)

Christine de Pizan envoie une *Epistre* à Eustache Deschamps, « orateur de maint vers notable » (v. 4), datée du 10 février 1403 (*Œuvres poétiques*, t. II, pp. 295-301). Elle s'adresse à lui dans les termes de « chier maistre et amis » (v. 6), « chier frere et amy » (v. 163), « ta disciple et ta bienveillant » (v. 212), réseau de révérence mais aussi d'amitié. Elle prie Eustache de l'excuser d'employer le tutoiement, mais tel est l'usage, dit-elle, de ces correspondances entre lettrés (vv. 18-22). Eustache lui répond, faisant à Christine le compliment suprême en l'égalant à une muse :

> Muse eloquent entre les .IX., Christine

T. VI, ballade 1242, v. 1.

(Muse éloquente parmi les neuf, Christine.)

Le réseau de l'amitié se développe dans l'envoi :

> O douce suer, je, Eustace, te prie,
> Comme ton serf, d'estre en ta compaignie
> Pour bien avoir d'estude congnoissance ;
> Mieulx en vaudray tous les temps de ma vie,
> Car je te voy, com Boece a Pavie,
> Seule en tes faiz ou royaume de France.

Ibid., vv. 31-36.

(O douce sœur, moi, Eustache, comme ton serviteur je te prie de me recevoir dans ta compagnie pour que je connaisse bien l'étude ; j'en deviendrai meilleur pour toute ma vie, car je te vois, comme Boèce à Pavie, unique, dans tes actions, au royaume de France.)

Philippe de Mézières, ami de Pétrarque et qui a séjourné trois ans à Venise, traduit en français la version latine, donnée par son ami, de la dernière nouvelle du *Décameron* de Boccace, l'histoire de Griseldis. Précepteur du jeune Charles VI, il établit un programme de lecture pour ce dernier et lui recommande parmi les contemporains Eustache Deschamps. C'est la reine Vérité qui parle :

> Tu puez bien lire aussi et ouyr les dictez vertueulx
> de ton serviteur et officier Eustache Morel, et toutes
> autres escriptures vrayes, honnestes et catholiques,
> tendans a bonne edification.

Le Songe du Vieil Pelerin, t. II, p. 223.

(Tu peux bien lire aussi et écouter les compositions morales de ton serviteur et officier Eustache Morel, et tout autre écrit vrai, honnête et catholique, tendant à une juste édification.)

Il est des lieux et des milieux du livre : Paris et la *librairie* du Louvre avec Gilles Malet, ami de Christine de Pizan, le collège de Navarre dont Nicole Oresme fut le grand maître ; Avignon et les papes, Constance au temps des conciles. Avignon, par exemple, voit passer ou se côtoyer Nicolas Trevet, Marsile de Padoue, Pierre Bersuire, Guillaume d'Occam, Jean de Jandun, Philippe de Vitry, Richard de Bury, et bien sûr Pétrarque. Il est des bibliophiles : Richard de Bury, Pétrarque, Boccace, Guillaume Fillastre. Richard de Bury, dans son *Philobiblon*, parle de son amour « extatique » *(hic amor exstaticus)* pour les livres. Entre ces érudits se tissent les liens de la correspondance.

On passe de la lettre d'amour qu'avait illustrée Guillaume de Machaut dans le *Voir Dit*, à la lettre d'ami, de confrère. Pensons à l'échange entre Christine de Pizan et les secrétaires du roi, Jean de Montreuil, Pierre et Gontier Col, autour de la querelle du *Roman de la Rose*, aux lettres de Jean Gerson, de Jean Muret, de Nicolas de Clamanges, de Pierre d'Ailly. Il se crée une rhétorique de l'épître, une esthétique de la collaboration fraternelle. Les frères apparaissent en littérature : Pétrarque et son frère Gherardo, le Chartreux ; Jean Gerson et son frère Jean, le Célestin ; Charles d'Orléans et son frère et compagnon de captivité, Jean d'Angoulême. Guillaume Alexis, moine normand, écrit un *Passetemps des deux Alecis freres,* où il se met en scène ainsi que son frère. Il faudrait suivre le destin du traité de Cicéron : *De amicitia,* que Jean de Meun connaissait, depuis sa redécouverte par l'humaniste florentin Poggio Bracciolini, le Pogge. Nicolas de Clamanges en copie un exemplaire (ms. B.N., latin 15138). Laurent de Premierfait le traduit en 1410 et dédie sa traduction au duc Louis de Bourbon (ms. B.N., français 126). Apparition de l'amitié créatrice que nous verrions volontiers culminer dans le dialogue de Montaigne et de La Boétie.

Les vieux enfants exténués d'un siècle

Etienne Gilson le rappelait dans la réflexion qu'il proposait sur *Le Moyen Age comme Saeculum modernum* : « Rien ne fut plus nouveau en son temps que la méthode scolastique, rien de plus moderne, et c'est ce qu'ont détesté en elle les Humanistes de l'âge suivant. On ne pense peut-être pas assez que leur culte bien connu de l'Antiquité impliquait une détestation complémentaire de la Modernité » (p. 8). Et Etienne Gilson, appuyant son argumentation sur l'analyse du *Traité d'architecture* de Filarete, montre que ce que l'on nomme aujourd'hui *médiéval,* et que l'architecte florentin combat, est toujours nommé par lui *moderne.*

Les poètes français de la fin du Moyen Age, au contraire, se présentent souvent comme de vieux enfants exténués d'un siècle qui est le dernier âge du monde, vieillards écoliers. Ainsi Charles d'Orléans. C'est le jugement global de Michelet sur le Moyen Age :

> Il naît avec des rides ; c'est un vieil enfant à l'école
> qui épelle d'une voix cassée, peureux, tremblant
> entre le fouet et les férules
>
> *Journal,* t. II, p. 39.

Relativité des points de vue et des manières de se penser ou de penser l'autre dans l'expérience d'un présent toujours unique ou sous un regard rétrospectif, organisateur, démonstratif.

Les humanistes ont opéré sur la période qui les précédait des coups de force. Une réduction massive à l'unité : le « Moyen Age » était ramené à un concept et à une pratique, la scolastique. Et de l'unité ainsi obtenue, on donnait un traitement péjoratif. Scolastique était égalée alors à pédanterie. Mise à distance pour cause de proximité ? Autres motivations ?

Mon propos a été de réintroduire de la distinction dans cette période globalement pensée et rejetée, dans un but d'affirmation de soi, par les humanistes, de mettre l'accent, en particulier, sur quelques caractéristiques du Moyen Age français des deux derniers siècles, m'attachant aux formes et à leur signification. Trois mutations, liées, me paraissent essentielles pour comprendre le changement de ces formes. Il en va tout d'abord du passage, amorcé depuis longtemps déjà, de l'oral à l'écrit. Ce dernier gagne au XIVe siècle, pour le vernaculaire, tous les domaines du savoir. Le latin perd son statut de langue de Dieu ou de son livre : la Bible. Désacralisation majeure. Est en jeu dans un deuxième temps le désenchantement, au sens propre, qui s'ensuit, pour le lyrisme. La parole déserte le chant. Dichotomie aux conséquences profondes, elle permet en effet une thésaurisation du lyrisme dont l'invention d'un genre narratif nouveau, le dit à insertion lyrique, expose la possibilité et les enjeux. Le désenchantement poétique, enfin, est emblématique de tous les autres : celui qui affecte les hommes, le monde, et qui pose la question de l'harmonie. « Désenchantement du monde » selon la formule de Max Weber, ou laïcisation, qui trouve peut-être là ses prémices et sa conclusion au XVIIIe siècle, si l'on suit l'analyse de Leo Spitzer.

Le « long XIVe siècle »... Ce jugement se rencontre encore sous la plume d'historiens modernes qui disent par là leur ennui à devoir décrire une période qui leur apparaît comme une suite de calamités. Le XIVe siècle ennuyeux, plus ennuyeux qu'un autre siècle, voire.... Le XIVe siècle, long, oui, pourrions-nous dire de manière amusée, s'il s'achève bien dans les années 1415-1418. Le XIVe siècle meurt à Azincourt dans les soubresauts de la défaite, de l'occupation anglaise et de la guerre civile. Une des premières œuvres d'Alain Chartier, *Le Livre des Quatre Dames,* qui date de 1416, se fait l'écho du désastre. Le poète seul et mélancolique, car il n'est pas aimé de sa dame, se promène dans la campagne. Il rencontre quatre dames qui plaignent chacune leur malheur, né de la défaite. L'ami de la première est mort sur le champ de bataille, le second a été fait prisonnier, le troisième a disparu, est-il mort ? est-il prisonnier ? Le quatrième a fui. Laquelle est la plus malheureuse ? La chevalerie, en effet, a été décimée à Azincourt. Il n'est que de prendre la charte des membres de la Cour amoureuse et de voir ceux qui perdent là leur vie : Charles, seigneur d'Albret, connétable de France à qui Christine de Pizan avait adressé plusieurs ballades dont l'une lui offrait pour étrennes *Le Debat de deux amans,* où il est élogieusement cité ; Messire Guillaume de Melun, comte de Tancarville ; Jacques de Châtillon, amiral de France ; Messire Jehan, seigneur de Werchin, sénéchal de Hainaut ; Christine l'avait souvent choisi comme arbitre de questions amoureuses, ainsi au début du *Livre des trois jugemens ;* Antoine et Jean de Craon. La liste, qu'on peut continuer, est impressionnante. Charles d'Orléans est fait prisonnier. Disparaissent aussi, dans les troubles de la guerre civile, des écrivains. Jacques Legrand était mort en 1415 ; Gontier Col, Jean de Montreuil périssent dans les massacres qui marquent l'entrée des Bourguignons à Paris en mai 1418. D'autres se retirent tels Christine de Pizan, Jean Gerson et Alain Chartier qui suit le Dauphin. Les milieux intellectuels sont dispersés, les bibliothèques disséminées, perdues. Ainsi celle de Jean de Montreuil. La bibliothèque de Charles V, à la mort de Charles VI, finit achetée par le duc de Bedford, régent du royaume. Le dernier inventaire, pour la prisée des livres, qui ne recense plus que huit cent quarante-trois manuscrits, date de 1424.

Dans le domaine littéraire, Alain Chartier met en place un nouveau paradigme. Il joue le rôle, pour les auteurs du XVe siècle, qu'avait joué *Le Roman de la Rose* pour ceux de la période précédente. Dans le champ de l'amour et des rites de cour, tout d'abord. *La Belle Dame sans mercy* est un texte auquel les groupes curiaux réagissent. Il se crée une querelle de *La Belle Dame sans mercy* comme il y avait eu au début du XVe siècle une querelle du *Roman de la Rose.* On juge la dame, on prend parti. Sa réplique « les yeux sont faits pour regarder », mise à mort de l'éthique courtoise, trouve des échos chez de nombreux auteurs. « Les yeulz si sont fais pour servir » chante Charles d'Orléans (t. I, chanson 53), qui prend à revers la formule d'Alain Chartier en ce qu'il la place dans la bouche d'un amant. Pour beaucoup, les yeux ne sont plus le miroir de l'autre et de son désir, ils deviennent un instrument d'optique. Alain Chartier avait eu la subtilité de laisser son débat ouvert, de ne point élire de juge. Il se glisse alors à cette place laissée libre tout le XVe siècle. C'est d'abord une *Requeste envoyée par les amans aux Dames contre Alain,* où ceux-ci reprochent au poète ses

« nouvellectez » (p. 35, ligne 21). C'est ensuite une *Lettre des Dames* et une *Response des Dames à maistre Alain* et toute la suite des textes étudiés jadis par Arthur Piaget : *Parlement d'Amour* de Baudet Herenc, *La Dame loyale en amours*, *Cruelle femme en amour* d'Achille Caulier, *Erreurs du Jugement de la Belle Dame sans mercy*, *Belle Dame qui eut merci* — la liste est encore longue. Avec la figure de *La Belle Dame*, Alain Chartier fait évoluer la question amoureuse. Avec *Le Quadrilogue invectif*, il renouvelle la matière même de l'écriture, en mettant en son centre, comme objet de réflexion et d'amour, la France. Dans ce texte en prose qui date de 1422, Dame France apparaît dans un songe matinal au poète et interpelle les trois ordres : le Peuple, le Chevalier, le Clergé. La parole part de la France et revient à elle. La mère embrasse et domine l'ensemble. Alain Chartier enfin, « lointaing immitateur des orateurs » ainsi qu'il se désigne au début du *Quadrilogue invectif*, inaugure un type d'éloquence rhétorique en français. Pour toutes ces raisons, il devient l'écrivain de référence pour la fin du Moyen Age et le début du XVIe siècle, le modèle, marquant le départ d'une nouvelle époque dans les Lettres françaises. Les auteurs d'*Arts de rhétorique* le citent élogieusement, lui empruntent des exemples nombreux. Prenant le relais des fils qu'a connus le XIVe siècle, Alain Chartier se présente comme un nouveau père. Le titre qu'il reçoit de la postérité, « père de l'éloquence française », en porte témoignage. L'expression apparaît chez Pierre Fabri dans son *Grant et vray art de pleine rhétorique* de 1521 :

> O mort mortellement cruelle ! pourquoy as tu pris
> maistre Alain Charetier, le pere de l'eloquence
> françoyse ?

> T. I, p. 72.

Elle est chez Jean Bouchet dans ses *Annales d'Aquitaine* de 1524. Alain Chartier figure avec Jean de Meun dans la constitution du premier canon des auteurs classiques français. Thomas Sébillet, dans son *Art poétique français* de 1548, écrit au chapitre de l'invention :

> L'invention, et le jugement compris sous elle, se
> confirment et enrichissent par la lecture des bons et
> classiques poètes français comme sont entre les
> vieux Alain Chartier, et Jean de Meun.

> *Traités de poétique et de rhétorique de la Renaissance*,
> p. 59.

Nous avions ouvert notre réflexion sur l'image de ces pèlerinages à Rome marquant les années jubilaires et ponctuant le siècle. Le XIVe siècle connaît un problème d'orientation. Tous les chemins ne mènent plus à Rome et, pendant un bon nombre d'années, certains conduisent à Avignon. Orientation des esprits également. Le XIVe siècle s'ouvre et se clôt dans le feu des bûchers. Il s'encadre entre des images de femmes qui flambent. Le 1er juin 1310, Marguerite Porete, qui était liée au mouvement que l'on a appelé du « libre esprit », est brûlée vive comme hérétique, place de Grève à Paris. Son unique livre : *Le Mirouer des simples ames anienties et qui seulement demourent en vouloir et desir d'amour* avait été condamné par l'évêque de Cambrai et livré aux flammes publiquement à Valenciennes en présence de son auteur. Le 29 mai 1431, celle pour qui Christine de Pizan avait repris la plume en 1429, Jeanne d'Arc, est brûlée vive à Rouen.

Le modèle qui nous a servi au cours de cette étude est celui de la famille. Ce schéma, en effet, à la fois simple et puissant, est d'une prégnance manifeste dans la pensée du Moyen Age. Les raisons en sont religieuses, historiques, anthropologiques. Il existe un modèle de la Sainte Famille qui offre un exemple de fils réussi, le Christ, et des exemples nombreux dans la Bible du mauvais fils, sur le patron de Satan ou d'Adam. Ces mauvais fils deviennent des pères de fatalité pour leur progéniture. L'homme en général est un fils damné racheté par la mort d'un bon fils qu'il faut imiter : le Christ. Eustache Deschamps le rappelle dans son *Double Lay de la Nativité Nostre Seigneur* :

> Ceuls qui furent d'Adam nez,
> Qui estoient condempnez
> A mort par leurs ancessors.
>
> T. VII, pièce 1358, vv. 129-131.

> (Ceux qui étaient nés d'Adam et qui étaient condamnés à
> mort par leurs ancêtres.)

La rime *dampné : d'Adam né* est fréquente. Ainsi encore chez Eustache Deschamps dans son *Notable Dictie de Nostre Seigneur Jhesu Crist et de la Benoite Vierge Marie, sa douce Mere* (t. VII, pièce 1356, vv. 107-108).

Le modèle familial permet au Moyen Age de penser la vie morale. C'est selon ce schéma que se présentent les allégories des vices et des vertus ou les catégories de la vie psychique et intellectuelle. Il fournit un moule commode permettant d'appréhender le classement et sa transgression, la ligne horizontale et la ligne verticale, les fils et les fils.

Le livre au XIVe siècle est vu comme un enfant : *liber*. Les auteurs jouent avec l'étymologie qui dit l'écorce et qui dit le fils (*liber* et *liberi*). On l'engendre, on lui impose un nom — le titre que contrôle de plus en plus l'auteur. Il a une voix. Mais ce n'est qu'au XVe siècle, en français, qu'il devient autonome, s'émancipe de son père et parle pour son propre compte. En latin, les livres apostrophaient déjà les clercs qui les copient fautivement dans le *Philobiblon* de Richard de Bury. Deux scènes d'offrande du livre à un souverain sont à mettre en parallèle. A la fin de sa vie, en 1395, lors de son dernier voyage en Angleterre, Jean Froissart offre un manuscrit de tous ses poèmes au roi Richard II :

> Il l'ouvry et regarda ens, et luy pleut très
> grandement et bien plaire luy devoit, car il estoit
> enluminé, escript et historié et couvert de vermeil
> velours à dix clous attachiés d'argent dorés et roses
> d'or ou milieu, à deux grans frumaux dorés et
> richement ouvrés ou milieu de roses d'or. Adont me
> demanda le roy de quoy il traittoit. Je luy dis :
> « D'amours. » De ceste reponse fut-il tous resjouys,
> et regarda dedens le livre en plusieurs lieux et y
> lisy, car moult bien parloit et lisoit le franchois, et
> puis le fist prendre par ung sien chevallier qui se
> nommoit messire Richard Credon et porter en sa
> chambre de retraite, et me fist de plus en plus
> bonne chière et bon recueillotte à merveilles.

> T. XV, livre quatrième, p. 167.

> (Il l'ouvrit et regarda à l'intérieur. Il lui plut beaucoup et il devait bien lui plaire car il était enluminé, écrit et illustré et couvert de velours vermeil décoré de dix clous d'argent, recouverts d'or, avec des roses d'or au milieu. Il comportait deux grands fermoirs dorés, somptueusement travaillés, au milieu de roses d'or. Alors le roi me demanda ce dont il traitait

et je lui dis : « d'Amour. » Le roi fut tout réjoui de cette réponse, il regarda à l'intérieur du livre en plusieurs endroits et y lut, car il parlait et lisait très bien le français. Et puis il fit emporter le livre par un de ses chevaliers, Monseigneur Richard Credon, dans sa chambre privée, et me fit un accueil toujours meilleur.)

L'accueil est tout différent pour le livre que Martin Le Franc fait offrir à Philippe le Bon, sans doute dans les années 1442 : son *Champion des Dames*. Le duc, certes, a daigné toucher le livre :

> D'honneur m'a fait plus que ne vaulx,
> Car il m'a touchié de sa main

> > *Complainte du livre du Champion des*
> > *Dames a maistre Martin Le Franc son*
> > *acteur*, vv. 129-130.

mais il ne se l'est pas fait lire :

> Tant a l'en fait qu'il m'a falu
> Demourer seulet en la mue,
> De mousse et de pouldre velu
> Comme ung viez aiz qu'on ne remue.

> > vv. 145-148.

(On a tant fait qu'il m'a fallu demeurer tout seul, comme en mue, recouvert de mousse et de poussière comme une vieille planche qu'on ne bouge pas.)

Le livre se plaint aigrement à son auteur qui lui répond en ces termes :

> Siques, mon filz, couche l'escu,
> Ferme le pié.

> > vv. 325-326.

. (Allez mon fils, aie l'écu et le pied fermes.)

Et le livre, reprenant courage, secoue ses ailes et s'envole comme un oiseau.

D'UN SIÈCLE L'AUTRE

Chronologie historique et littéraire du XIVe siècle

1300 (env.)	Naissance de Guillaume de Machaut.
1305	Fondation du collège de Navarre, « berceau de l'humanisme français », par testament de la femme de Philippe le Bel, Jeanne de Navarre.
1307	Début de *La Divine Comédie* de Dante.
1309	Installation du pape Clément V (d'origine française) à Avignon.
1312	Jacques de Longuyon écrit *Les Vœux du Paon*.
vers 1320	Guillaume d'Occam enseigne à Paris.
1321	Mort de Dante.
entre 1322 et 1324	Décrétale de Jean XXII qui dénonce ce qu'il estime des abus de l'*Ars Nova*.
1324	Marsile de Padoue achève avec Jean de Jandun le *Defensor Pacis*. Il y soutient que l'autorité du pape est inférieure à celle du concile.
1327	Naissance de Philippe de Mézières.
av. 1328	Rédaction de l'*Ovide moralisé*.
1328	Philippe de Valois devient roi sous le nom de Philippe VI.

Passage de la dynastie des Capétiens à celle des Valois.

Poèmes de Watriquet de Couvin.

1331 Guillaume de Digulleville, *Le Pèlerinage de la vie humaine.*

1332 Jean Acart de Hesdin, *La Prise amoureuse.*

1335 Philippe de Vitry, *Le Chapel des Trois Fleurs de Lis.*

1337 Le roi d'Angleterre Edouard III revendique la couronne de France.
Début de ce qui deviendra la guerre de Cent ans, qui commence comme une guerre de succession et se termine en guerre nationale.
Naissance de Jean Froissart.
Mort de Giotto.

1340 Naissance de Geoffrey Chaucer.
Les idées de Guillaume d'Occam sont condamnées à Paris.

1341 Pétrarque est couronné à Rome.

1342 *Œuvres* de Jean de Le Mote.

1346 Août — Défaite de Philippe VI à Crécy.
Naissance d'Eustache Deschamps.
Guillaume de Machaut, *Le Jugement dou Roy de Behaingne.*

1348 La grande peste.

1349 Mort de Guillaume d'Occam.
Guillaume de Machaut, *Le Jugement dou Roy de Navarre.*
Boccace compose *Le Décaméron.*

1350 Avènement de Jean II le Bon.

1352 Mort de Gilles Li Muisis.

1356 19 septembre. Bataille de Poitiers.
Jean le Bon est fait prisonnier.

1357 Guillaume de Machaut, *Le Confort d'Ami,* écrit pour Charles de Navarre.
Guillaume de Digulleville, *Le Pèlerinage de l'âme.*
Pétrarque, *I Trionfi (Les Triomphes).*

1358 Révolte et mort d'Etienne Marcel. La Jacquerie.

1360 Traité de Brétigny : Jean le Bon est libéré en contrepartie de la livraison d'otages, dont les fils du roi, sauf le Dauphin.

1361 Premier voyage de Froissart en Angleterre.

1362 Guillaume de Machaut commence le *Voir Dit.*

1363 Naissance de Jean Gerson.
Naissance de Nicolas de Clamanges.

1364 8 avril : mort de Jean le Bon.
Avènement de Charles V sacré à Reims le 19 mai.

1365 Naissance à Venise de Christine de Pizan.

1370 Du Guesclin est nommé connétable.
Jean Froissart commence ses *Chroniques.*
Jean Le Fèvre traduit les *Lamentations* de Matheolus.

1373 Boccace, *De genealogia deorum.*

1374 18 juillet : Pétrarque meurt, selon son vœu, la tête couchée sur un manuscrit de Virgile qu'il était en train de copier.

1375 Mort de Boccace.

1377 Mort de Guillaume de Machaut.
Jean Gerson entre au Collège de Navarre.

1378 Début du grand schisme : deux papes, Urbain VI et Robert de Genève qui prend le nom de Clément VII.

1379 Clément VII s'installe en Avignon.

1380 Juillet : mort de Du Guesclin.
16 septembre : mort de Charles V.
4 novembre : sacre de Charles VI.
Philippe de Mézières se retire au couvent des Célestins de Paris.

1381 Mort de Jean de Ruysbroek dont la mystique a inspiré la *devotio moderna* et Jean Gerson.

1382 Insurrection des Maillotins à Paris.
Mort de Nicole Oresme.

1384 Jean Froissart, *Meliador.*

1385 17 juillet : mariage de Charles VI et d'Isabeau de Bavière.

1387 Philippe de Mézières, *Griseldis.*
Geoffrey Chaucer, *Canterbury Tales.*

1389 Pierre d'Ailly, chancelier de l'Université de Paris.

1392 5 août : premier accès de folie de Charles VI.
Eustache Deschamps, *L'Art de Dictier.*

1393 Janvier : Bal des Ardents.

1394 Naissance de Charles d'Orléans, fils aîné de Louis, duc d'Orléans et de Valentine Visconti.
Christine de Pizan commence à écrire les *Cent Ballades.*

1395 Jean Gerson succède à Pierre d'Ailly à la chancellerie de l'Université de Paris.

1396 25 septembre : défaite des croisés occidentaux à Nicopolis, face aux Turcs.

1397 Mort d'Oton de Grandson dans un duel à Bourg-en-Bresse.

1400 Laurent de Premierfait traduit le *De casibus virorum* de Boccace.

1401 Institution de la Cour amoureuse de Charles VI.

1402 Querelle du *Roman de la Rose.*

1404 Christine de Pizan, *Le Livre de la Mutacion de Fortune.*

1405 Mort de Philippe de Mézières à près de quatre-vingts ans.
Epistre de Christine de Pizan à Isabelle de Bavière, reine de France.

1407 23 novembre : assassinat de Louis d'Orléans sur ordre de Jean sans Peur, duc de Bourgogne.

1410 Jacques Legrand, *Le Livre des bonnes meurs.*
Christine de Pizan, *Lamentacion sur les maux de la France.*

1414   Ouverture du Concile de Constance.

1415   6 juillet : Jan Hus est brûlé à Constance pour hérésie.
25 octobre : Azincourt, Charles d'Orléans en captivité.

1418   Fin du schisme d'Occident.
Mort de Jean de Montreuil lors de l'entrée des
Bourguignons à Paris.
Massacre des Armagnacs.

1419   10 septembre : assassinat de Jean sans Peur à
Montereau.

DES AMIS PAR MILLIERS

Bibliographie

1. TEXTES ET AUTEURS

TEXTES ET AUTEURS ANTÉRIEURS AU XIIe SIÈCLE

Isidore de Séville, *Etymologiarum sive originum libri XX,* éd. W.M. Lindsay, Oxford, Oxford University Press, 1911 (Scriptorum classicorum Bibliotheca oxoniensis).

> *Etymologies IX, les langues et les groupes sociaux,* éd. et trad. par M. Reydellet, Paris, Belles-Lettres, 1984.

TEXTES ET AUTEURS DU XIIe SIÈCLE

André le Chapelain, *Traité de l'amour courtois,* trad. par Cl. Buridant, Paris, Klincksieck, 1974 (Bibliothèque Française et Romane. Série D : Initiation, textes et documents, 9).

Arnoul d'Orléans, *Allegoriae super Ovidii Metamorphosin,* éd. F. Ghisalberti, in « Arnolfo d'Orléans, un cultore di Ovidio nel secolo XII », *Memorie del Reale Instituto Lombardo di Scienze e Lettere, Classe di Lettere, Scienze Morali e Storiche,* vol. XXIV, 1917-1919, Milan, U. Hoepli, 1932, XI, pp. 157-234.

Benoît de Sainte-Maure, *Le Roman de Troie,* publié d'après tous les manuscrits connus par L. Constans, Paris, F. Didot, 6 vol., 1904-1912 (SATF).

Bernard de Ventadour, *Chansons d'amour,* éd. M. Lazar, Paris, Klincksieck, 1966 (Bibliothèque Française et Romane. Série B : Editions critiques de textes, 4).

Chrétien de Troyes, *Le Chevalier de la charrete,* éd. M. Roques, Paris, Champion, 1958 (CFMA 86).

> *Cligès,* éd. A. Micha, Paris, Champion, 1957 (CFMA 84).

Giraut de Bornelh, *Sämtliche Lieder des Trobadors Giraut de Bornelh,* kritisch herausgegeben von Adolf Kolsen, Halle, Niemeyer, 2 vol., 1910-1935.

Hugues de Saint-Victor, *Hugonis de Sancto Victore Didascalicon de studio legendi,* a critical text by Br. C.H. Buttimer, Washington D.C., The Catholic University Press, 1939.

Jean de Salisbury, *Metalogicon,* éd. Cl. Webb, Oxford, 1929.

Le Jeu d'Adam (Ordo representacionis Ade), éd. W. Noomen, Paris, Champion 1971 (CFMA 99).

Marie de France, *Les Lais,* éd. J. Rychner, Paris, Champion, 1966 (CFMA 93).

TEXTES ET AUTEURS DU XIIIᵉ SIÈCLE

Amadas et Ydoine, roman du XIIIᵉ siècle, éd. J.R. Reinhard, Paris, Champion, 1926 (CFMA 41).

L'Atre périlleux, roman de la Table Ronde, éd. B. Woledge, Paris, Champion, 1936 (CFMA 76).

Brunet Latin, *Li Livres dou tresor,* éd. Fr. J. Carmody, Berkeley — Los Angeles, University of California Press, 1948 (University of California Publications in Modern Philology, vol. 22).

Gautier de Coinci, *Les Miracles de Nostre Dame par Gautier de Coinci,* publiés par V.F. Koenig, Genève, Droz ; Lille, Giard ; Paris, Minard, 4 vol., 1955-1970 (TLF 64, 95, 131 & 176).

Gervaise, *Le Bestiaire,* éd. P. Meyer, *Romania,* I, 1872, pp. 420-443.

Gossouin, *L'Image du monde de Maître Gossouin,* rédaction en prose, éd. O.H. Prior, Lausanne et Paris, Payot, 1913.

Gui d'Ussel, *Les Poésies des quatre Troubadours d'Ussel,* éd. J. Audiau, Paris, Delagrave, 1922.

Guillaume de Lorris et Jean de Meun, *Le Roman de la Rose,* éd. F. Lecoy, Paris, Champion, 3 vol., 1965-1970 (CFMA 92, 95 & 98).

Huon de Méry, *Li Tournoiemenz Antecrist,* éd. G. Wimmer, Marburg, Ewert, 1888.

Jacques de Voragine, *La Légende dorée,* trad. J.-B. M. Roze, Paris, Flammarion, 2 vol., 1967 (GF 32-33).

Jean Bodel, *La Chanson des Saisnes,* édition critique par A. Brasseur, Genève, Droz, 2 vol., 1989 (TLF 369).

Jean de Meun, *Le Roman de la Rose,* voir Guillaume de Lorris.

Jean Renart, *Le Roman de la Rose ou de Guillaume de Dole,* éd. F. Lecoy, Paris, Champion, 1962 (CFMA 91).

Marguerite Porete, *Le Mirouer des simples ames anienties et qui seulement demourent en vouloir et desir d'amour,* éd. R. Guarnieri, Rome, Edizioni di Storia e Letteratura, 1961.

Pierre de Beauvais, *Le Bestiaire de Pierre de Beauvais : version courte,* éd. Guy R. Mermier, Paris, Nizet, 1977.

La Queste del Saint Graal, éd. A. Pauphilet, Paris, Champion, 1923 (CFMA 33).

Richard de Fournival, *Li Bestiaires d'Amours di Maistre Richart de Fornival e li response du Bestiaire,* éd. Cesare Segre, Milano-Napoli, Riccardo Ricciardi, 1957.

Edition reprise avec une traduction italienne in *Il Bestiario d'amore* et *La Riposta al bestiario*, a cura di Fr. Zambon, Parma, Pratiche, 1987 (Biblioteca medievale, 1).

Le Roman de Troie en prose, manuscrit de la Bibliothèque nationale, Paris, Fonds français 1627.

Li Romans de Witasse le Moine, roman du XIIIe siècle, édité d'après le manuscrit, fonds français 1553, de la Bibliothèque nationale, Paris, par D.J. Conlon, Chapel Hill, The University of North Carolina Press, 1972.

TEXTES ET AUTEURS DU XIVe SIÈCLE

Avionnet, dans *Recueil général des Isopets*, éd. J. Bastin, t. II, Paris, Société des Anciens Textes Français, 1930, pp. 349-384.

Barton, John, *Donait françois*, éd. E. Stengel, « Die ältesten Anleitungsschriften zur Erlernung der französischen Sprache », *Zeitschrift für neufranzösische Sprache und Literatur*, I, 1879, pp. 1-40.

Boccace, Jean, *De casibus virorum illustrium*, a cura di Pier Giorgio Ricci e Vittore Zaccaria, dans *Tutte Le Opere di Giovanni Boccaccio*, a cura di Vittore Branca, Milan, Arnoldo Mondadori, 1983.

    De mulieribus claris, a cura di Vittore Zaccaria, dans *Tutte Le Opere di Giovanni Boccaccio*, a cura di Vittore Branca, Milan, Arnoldo Mondadori, 1967.

    Le Décaméron, trad. par J. Bourciez, Paris, Garnier, 1974 (Classiques Garnier).

Chaucer, Geoffrey, *The Works*, éd. F.N. Robinson, Boston, Houghton Mifflin Company, 2e éd., 1961 (The New Cambridge Edition).

Christine de Pizan, *Œuvres poétiques de Christine de Pisan*, éd. M. Roy, Paris, Firmin-Didot, 3 vol., 1886-1896 (SATF).

    Cent Ballades d'Amant et de Dame, éd. J. Cerquiglini, Paris, U.G.E., 1982 (10/18, n° 1529).

    Le Chemin de Long Estude, éd. R. Püschel, Berlin, Paris, Damköhler, 1881.

    L'Epistre Othea, éd. H.D. Loukopoulos, *Classical Mythology in the works of Christine de Pisan with an Edition of « l'Epistre Othea » from the Manuscript Harley 4431*, Ph. D. Wayne State University, Detroit, Michigan, 1977.

    Le Livre de la Cité des Dames, éd. M.C. Curnow, Ph. D., Vanderbilt University, 2 vol., 1975.

    Le Livre de la Mutacion de Fortune, éd. S. Solente, Paris, Picard, 4 vol., 1959-1966 (SATF).

    Le Livre des fais et bonnes meurs du sage roy Charles V, éd. S. Solente, Paris, Champion, 2 vol., 1936-1941 (Société de l'Histoire de France).

    Le Livre du Corps de Policie, éd. R.H. Lucas, Genève, Droz, 1967 (TLF 145).

    La Vision Christine, éd. Sister M.L. Towner, Washington D.C., The Catholic University of America Press, 1932.

L'Advision Christine, éd. Christine Reno, avec la collaboration de Liliane Dulac, en préparation.

Dante Alighieri, *Œuvres complètes,* trad. André Pézard, Paris, Gallimard, 1965 (Bibliothèque de la Pléiade).

Denis Foulechat, *Tyrans, Princes et Prêtres (Jean de Salisbury, Policratique IV et VIII),* éd. Ch. Brucker, Montréal, CERES, 1987 (*Le Moyen Français,* n° 21).

Eustache Deschamps, *Œuvres complètes,* éd. Marquis de Queux de Saint-Hilaire et G. Raynaud, Paris, Firmin-Didot, 11 vol., 1878-1903 (SATF).

Etienne de Conty, *Brevis Tractatus,* manuscrit de la Bibliothèque nationale, Paris, Fonds latin 11730.

Femina, dans K.R. Lambley, *The teaching and cultivation of the French language in England during Tudor and Stuart Times ; with an introductory chapter on the preceding period,* Manchester, The University Press ; London, New York, etc., Longmans, Green and co., 1920.

Gilles Li Muisis, *Poésies,* éd. du baron Kervyn de Lettenhove, Louvain, J. Lefever, 2 vol., 1882.

La Guerre de Metz en 1324, éd. E. de Bouteiller, Paris, Firmin-Didot, 1875.

Guillaume de Digulleville, *Le Pèlerinage de vie humaine de Guillaume de Deguilleville,* éd. J.J. Stürzinger, Printed for the Roxburghe Club, London, 1893.
    Le Pèlerinage de l'âme de Guillaume de Deguilleville, éd. J.J. Stürzinger, Printed for the Roxburghe Club, London, 1895.
    Le Pèlerinage de Jésus-Christ de Guillaume de Deguilleville, éd. by J.J. Stürzinger, Printed for the Roxburghe Club, London, 1897.

Guillaume de Machaut, *Œuvres,* éd. E. Hoepffner, Paris, Firmin-Didot, puis Champion, 3 vol., 1908, 1911, 1921 (SATF).
    Poésies lyriques, éd. complète publiée par V. Chichmaref, Paris, Champion, 1909, 2 vol. ; réimpr. Genève, Slatkine, 1973, 2 t. en 1 vol.
    Le Dit de la Fonteinne amoureuse, édition, traduction et présentation par Jacqueline Cerquiglini-Toulet, Paris, Stock/Moyen Age, 1993.
    « The Dit de la Harpe of Guillaume de Machaut », éd. K. Young, dans *Essays in honour of A. Feuillerat,* New Haven, Yale University Press, 1943, pp. 1-20.
    Le Livre du Voir Dit de Guillaume de Machaut où sont contées les amours de messire Guillaume de Machaut et de Péronelle, dame d'Armentières, avec les lettres et les réponses, les ballades, lais et rondeaux dudit Guillaume et de ladite Péronelle, éd. par Paulin Paris, Paris, Société des Bibliophiles françois, 1875.
    La Prise d'Alexandrie ou Chronique du roi Pierre Ier de Lusignan, éd. L de Mas Latrie, Genève, Fick, 1877 (Publications de la Société de l'Orient latin, série historique I).

Jacques de Longuyon, *Les Vœux du Paon, The Buik of Alexander or the Buik of the most noble and valiant conquerour Alexander the Grit, by John Barbour...,* ed. together with the French originals (Li Fuerres de Gadres and Les Vœux du Paon) by R.L.G. Ritchie, Edinburgh, London, W. Blackwood and Sons, 4 vol., 1925-1929 (The Scottish Text Society).

Jean Corbechon, *Le Livre des proprietez des choses*, Paris, Bibliothèque nationale, ms. fonds français 22531.

Jean Courtecuisse, *Le Sermon sur la Passion*, éd. G. Hasenohr, Montréal, CERES, 1985 *(Le Moyen Français*, n° 16).

Jean de Bueil, *Le Jouvencel par Jean de Bueil*, introduction biographique et littéraire par C. Favre, texte établi et annoté par L. Lecestre, Paris, Renouard, H. Laurent, succ., 2 vol., 1887-1889 (Société de l'Histoire de France).

Jean de Condé, *Dits et Contes de Baudouin de Condé et de son fils Jean de Condé*, éd. A. Scheler, t. II et III, *Jean de Condé*, Bruxelles, V. Devaux et Cie, 1866-1867 (Académie Impériale et Royale des Sciences et Belles-Lettres).

Jean de Garencières, *Le Chevalier Poète Jehan de Garencières (1372-1415). Sa vie et ses poésies complètes dont de nombreuses inédites*, éd. Y.A. Neal, Paris, Nizet, 1953.

Jean de Le Mote, *Le Parfait du Paon*, éd. R.J. Carey, Chapel Hill, The University of North Carolina Press, 1972.

    Li Regret Guillaume, comte de Hainaut. Poëme inédit du XIVᵉ siècle, éd. A. Scheler, Louvain, J. Lefever, 1882.

    La Voie d'Enfer et de Paradis : an unpublished poem of the fourteenth century by Jehan de le Mote, éd. Sister M. Aquiline Pety, Washington D.C., The Catholic University of America Press, 1940.

Jean Froissart, *Poésies*, publiées par A. Scheler, Bruxelles, V. Devaux et Cⁱᵉ, 3 vol., 1869-1872.

    Ballades et Rondeaux, éd. R.S. Baudouin, Genève, Droz, 1978 (TLF 252).

    Chroniques, éd. S. Luce, G. Raynaud, L. Mirot et A. Mirot, Paris, Rainouard, puis Klincksieck, t. I-XV, livres I à III, 1869-1975 (Société de l'Histoire de France).

    Chroniques, t. XV, livre quatrième, éd. Kervyn de Lettenhove, *Œuvres de Froissart*, Bruxelles, V. Devaux et Cⁱᵉ, 1871.

    Dits et Débats, éd. A. Fourrier, Genève, Droz, 1979 (TLF 274).

    L'Espinette amoureuse, éd. A. Fourrier, Paris, Klincksieck, 1963 [2ᵉ éd. revue, 1972].

    Le Joli Buisson de Jonece, éd. A. Fourrier, Genève, Droz, 1975 (TLF 222).

    Meliador, éd. A. Longnon, Paris, Firmin-Didot, 3 vol., 1895-1899 (SATF).

    La Prison amoureuse, éd. A. Fourrier, Paris, Klincksieck, 1974 (Bibliothèque française et romane. Série B : Editions critiques de textes, 13).

Jean Le Court, dit Brisebare, *Le Plait de l'Evesque et de Droit*, éd. critique du manuscrit ancien fonds royal n° 2061-4° de la Bibliothèque royale de Copenhague par J. Kjaer, Copenhague, Akademisk Forlag (Etudes romanes de l'Université de Copenhague ; *Revue Romane*, numéro spécial 10, 1977).

    Le Restor du Paon. Edition critique par Richard J. Carey, Genève, Droz, 1966 (TLF 119).

Jean Le Fèvre, *Les Lamentations de Matheolus et le Livre de Leesce de Jehan le Fèvre*, *de Ressons,* éd. A.G. van Hamel, tome deuxième, Paris, E. Bouillon, 1895 (Bibliothèque de l'Ecole des Hautes Etudes, série « Sciences historiques et philologiques », fasc. 96).

     Le Respit de la Mort par Jean le Fevre, publié par G. Hasenohr-Esnos, Paris, Picard, 1969 (SATF).

     La Vieille ou *Les Dernières Amours d'Ovide, poëme français du XIVᵉ siècle,* traduit du latin de Richard de Fournival par Jean le Fevre, publié par H. Cocheris, Paris, Aubry, 1861.

Les Cent Ballades, poème du XIVᵉ siècle composé par Jean le Seneschal avec la collaboration de Philippe d'Artois, comte d'Eu, de Boucicaut le Jeune et de Jean de Crésecque, publié par Gaston Raynaud, Paris, Firmin-Didot, 1905 (SATF).

Legrand, Jacques, *Archiloge Sophie. Livre de Bonnes Meurs,* éd. E. Beltran, Genève, Slatkine ; Paris, Champion, 1986.

Lexique latin-français (Ms. BN, lat. 13032), traduit et adapté du lexique inséré par Jean Balbi de Gênes dans son *Catholicon,* éd. M. Roques, *Recueil général des lexiques français du Moyen Age* (XIIᵉ-XVᵉ siècles). I. *Lexiques alphabétiques,* t. II, Paris, Champion, 1938.

Le Livre du Chevalier de La Tour Landry pour l'enseignement de ses filles, publié par A. de Montaiglon, Paris, P. Jannet, 1854 (Bibliothèque elzévirienne, vol. 36).

La Manière de langage qui enseigne à bien parler et écrire le français, in *La Manière de langage qui enseigne à bien parler et à écrire le français. Modèles de conversation composés en Angleterre à la fin du XIVᵉ siècle,* Jacques Gessler, Bruxelles, l'Edition universelle ; Paris, Droz, 1934.

Nicole Oresme, *Le Livre de Ethiques d'Aristote,* published from the Text of ms. 2902, Bibliothèque Royale de Belgique, with a critical Introduction and Notes by A.D. Menut, New York, Stechert, 1940.

Oton de Grandson, *Sa vie et ses poésies,* éd. A. Piaget, Lausanne, Payot, 1941.

Ovide moralisé, poème du commencement du quatorzième siècle, publié d'après tous les manuscrits connus par C. De Boer, Amsterdam, J. Müller, puis N.V. Noord-Hollandsche Uitgevers-Maatschappij, 5 vol., 1915-1938 (Verhandelingen der Koninklijke Nederlandsche Akademie van Wetenschappen, Afdeeling Letterkunde, Nieuwe Reeks, 15, 21, 30/3, 37 & 43).

Pétrarque, François, *Francisci Petrarchae opera,* 3 vol., Bâle, 1554.

     De l'abondance des livres et de la réputation des écrivains, traduit du latin par V. Develay, Paris, Librairie des Bibliophiles, 1883.

     Lettres de François Pétrarque à Jean Boccace, traduites du latin pour la première fois par Victor Develay, Paris, Flammarion, 1911.

     Sine nomine. Lettere polemiche e politiche, éd. U. Dotti, Rome, Bari, Laterza, 1974.

     Textes présentés et traduits par Alain Michel, in *Pétrarque et la pensée latine. Tradition et novation en littérature,* Avignon, Aubanel, 1974.

Philippe de Mézières, *Le Songe du Vieil Pelerin,* éd. G.W. Coopland, Cambridge, Cambridge University Press, 2 vol., 1969.

Philippe de Vitry, in « The poetic exchange between Philippe de Vitry and Jean de le Mote. A new edition », by Diekstra F.N.M. *Neophilologus*, LXX, 1986, pp. 504-519.

Proverbes français antérieurs au xve siècle, éd. J. Morawski, Paris, Champion, 1925 (CFMA 47).

Richard de Bury, *Philobiblon*, texte édité par M. MacLagan, traduction de E.C. Thomas, Oxford, 1960 (Published for the Shakespeare Head Press by Basil Blackwell).

Le Songe du Vergier, éd. M. Schnerb-Lièvre, Paris, Editions du Centre National de la Recherche Scientifique, 2 vol., 1982.

Watriquet de Couvin, *Dits de Watriquet de Couvin*, publiés pour la première fois d'après les manuscrits de Paris et de Bruxelles et accompagnés de variantes et de notes explicatives par A. Scheler, Bruxelles, V. Devaux et Cie, 1868.

TEXTES ET AUTEURS DU XVe SIÈCLE

Adevineaux amoureux, in *Amourous Games : A critical edition of les « Adevineaux amoureux »*, by J.W. Hasell Jr. Austin, London, University of Texas Press, 1974 (Publications of the American Folklore Society. Bibliographical and Special Series, vol. 25).

Alexis, Guillaume, *Œuvres poétiques*, éd. A. Piaget et E. Picot, Paris, Firmin-Didot, 3 vol., 1896-1908 (SATF).

Antitus, *Poésies*, éd. M. Python, Genève, Droz 1992 (TLF 422).

Bugnin, Jacques de — , *Le Congié pris du siecle seculier, poème du xve siècle*, éd. A. Piaget, Paris, Neuchâtel, Impr. Attinger, 1916 (Recueil de travaux publiés par la Faculté des Lettres de l'Université de Neuchâtel, fasc. 6).

Caulier, Achille, *La Cruelle Femme en amour*, éd. A. Piaget, « *La Belle Dame sans mercy* et ses imitations » IV, *Romania*, XXXI, 1902, pp. 315-349.

   L'Hôpital d'amour, in « *La Belle Dame sans mercy* et ses imitations d'A. Piaget. XI : *L'Hôpital d'amour* par Achille Caulier », *Romania*, XXXIV, 1905, pp. 559-565 [éditions anciennes, 1489 ; Lyon, ca. 1525].

Charles d'Orléans, *Poésies*, éd. P. Champion, Paris, Champion, 2 vol., 1923-1937 (CFMA 34 & 56).

Chartier Alain, *La Belle Dame sans mercy*, éd. A. Piaget, Paris, Droz, 1945 (TLF 1) [2e éd., Genève, Droz, Lille, Giard, 1949].

   Dialogus familiaris Amici et Sodalis super deploracione gallice calamitatis, éd. P. Bourgain-Hemerick, *Les Œuvres latines d'Alain Chartier*, Paris, Editions du Centre national de la Recherche scientifique, 1977.

   Le Livre de l'Esperance, texte établi par Fr. Rouy, Paris, Champion, 1989 (Bibliothèque du xve siècle, 51).

   The Poetical Works of Alain Chartier, éd. J.C. Laidlaw, Cambridge, Cambridge University Press, 1974.

   Poèmes, textes établis et présentés par James Laidlaw, Paris, UGE, 1988 (10/18, n⁰ 1929). Ce volume contient *Le Livre des quatre dames, Le Debat de reveille matin, La Complainte, La Belle Dame sans mercy, Les Lectres des dames a Alain, La Requeste baillee aux dames contre Alain, L'Excusation aux dames,*

Le Breviaire des Nobles, Le Lay de Paix, Le Debat du herault, du vassault et du villain.

    Quadrilogue invectif, éd. E. Droz, 2ᵉ édition revue, Paris, Champion, 1950 (CFMA 32).

Chastelain, Georges, *Le Temple de Bocace,* éd. S. Bliggenstorfer, Berne, Francke, 1988 (Romanica Helvetica, vol. 104).

Commynes, Philippe de —, *Mémoires,* éd. J. Calmette, Paris, Champion, 3 vol., 1924-1925 (Les classiques de l'histoire de France au Moyen Age, 3, 5 & 6).

La Cour amoureuse dite de Charles VI, éd. C. Bozzolo et H. Loyau, vol. I. Etude et édition critique des sources manuscrites (Armoiries et notices biographiques, 1-300), Paris, Le Léopard d'Or, 1982.

Crétin, Guillaume, *Œuvres poétiques de Guillaume Crétin,* publiées avec une introduction et des notes par K. Chesney, Paris, F. Didot, 1932.

Courcy, Jean de, *Chronique de la Bouquechardière,* manuscrit de la Bibliothèque nationale de Paris, Fonds français 329, cité d'après J. Monfrin, « La connaissance de l'Antiquité et le problème de l'humanisme en langue vulgaire dans la France du xvᵉ siècle », *The late middle ages and the dawn of humanism outside Italy. Proceedings of the international conference Louvain may 11-13 1970,* Louvain, La Haye, 1972 (Mediaevalia Lovaniensia, Series 1, Studia 1), pp. 131-170.

Courcy, Jean de — , B.D. Dubuc, *Etude critique et édition partielle du « Chemin de vaillance » de Jean de Courcy d'après le manuscrit British Museum Royal, 14 E. II. (French Text),* PH. D. (University of Connecticut), 1981, Ann Arbor, MI, University Microfilms International, 1981.

Les Douze Dames de Rhétorique, éd. L. Batissier, Moulins, Desrosiers Fils, 1838.

Gréban, Arnoul, *Le Mystère de la Passion,* éd. critique par Omer Jodogne, Bruxelles, Académie royale de Belgique, 2 vol., 1965-1983 (Mémoires de l'Académie royale de Belgique, Classe des Lettres, Coll. in-4°, Série 2).

Gréban, Simon, *Complaincte de la mort de maistre Jacques Millet qui composa la Destruction de Troye,* édition critique en préparation par M.-R. Jung et Cl. Thiry.

Guillebert de Metz, *Description de la ville de Paris au xvᵉ siècle,* éd. Le Roux de Lincy, Paris, Aubry, 1855.

La Marche, Olivier de — , *Mémoires d'Olivier de La Marche,* publiés pour la Société de l'Histoire de France par H. Beaune et J. d'Arbaumont, Paris, Renouard, 3 vol., 1883-1885.

La Sale, Antoine de —, *Œuvres complètes,* éd. F. Desonay, tome I : *La Salade,* Liège, Faculté de Philosophie et Lettres, Paris, Droz, 1935 (Bibliothèque de la Faculté de Philosophie et Lettres de l'Université de Liège, fasc. LXVIII). Tome II : *La Sale,* Liège, Faculté de Philosophie et Lettres, Paris, Droz, 1941 (Bibliothèque de la Faculté de Philosophie et Lettres de l'Université de Liège, fasc. XCII).

    Jehan de Saintré, éd. par Jean Misrahi et Ch. A. Knudson, Genève, Droz ; Paris, Minard, 1965 (TLF 117).

    Le Reconfort de Madame de Fresne, éd. I. Hill, Exeter, University Printing, 1979.

Le Franc, Martin, *Le Champion des Dames*, publié par A. Piaget, Lausanne, Payot, 1968 (Mémoires et documents publiés par la Société d'histoire de la Suisse romande. 3ᵉ série, t. 8, vv. 1-8144). La partie non éditée est citée d'après le ms. fonds français 12476 de la Bibliothèque nationale, Paris.

> *Complainte du livre du Champion des Dames a maistre Martin Le Franc son acteur*, éd. G. Paris, « Un poème inédit de Martin Le Franc », *Romania*, XVI, 1887, pp. 383-437.

Martial d'Auvergne, *Les Arrêts d'Amour de Martial d'Auvergne*, publiés par J. Rychner, Paris, Picard, 1951 (SATF).

Meschinot, Jean, *Les Lunettes des Princes*, éd. C. Martineau-Génieys, Genève, Droz, 1972 (Publications Romanes et Françaises, CXXI).

Michault, Pierre, *Le Doctrinal du Temps present* (1466), éd. Th. Walton, Paris, Droz, 1931.

Michault Taillevent, *Le Passe Temps*, in *Un poète bourguignon du xvᵉ siècle : Michault Taillevent (Edition et étude)*, par Robert Deschaux, Genève, Droz, 1975 (Publications romanes et françaises, CXXXII).

Molinet, Jean, *Les Faicts et Dictz de Jean Molinet*, publiés par N. Dupire, Paris, SATF, 3 vol., 1936-1939.

Pierre de Hauteville, *La Complainte de l'amant trespassé de deuil. L'Inventaire des biens demourez du decés de l'amant trespassé de dueil de Pierre de Hauteville*, par R.M. Bidier, Montréal, CERES, 1986 (*Le Moyen Français*, n° 18).

> *La Confession et Testament de l'amant trespassé de deuil de Pierre de Hauteville*, par R.M. Bidler, Montréal, CERES, 1982 (Inedita & Rara 1).

Les Règles de la Seconde Rhétorique (anonyme), in *Recueil d'arts de seconde rhétorique*, par E. Langlois, Paris, Imprimerie nationale, 1902 (Collection des documents inédits sur l'Histoire de France) [Genève, Slatkine Reprints, 1974].

Regnier, Jean, *Les Fortunes et Adversitez de Jean Regnier*, texte publié par E. Droz, Paris, Champion, 1923 (SATF).

René d'Anjou, *Le Livre du Cuer d'Amours espris*, éd. S. Wharton, Paris, U.G.E., 1980 (10/18, n° 1385).

Rodríguez del Padrón, Juan, *El Triunfo de las donas*, éd. A. Paz y Melia, *Obras de Juan Rodríguez de la Cámara (o del Padrón)*, Madrid, Sociedad de Bibliofilos Españoles, 1884. Traduction française : *Le Triomphe des Dames*, Paris, Le Caron, ca. 1498.

Villon, François, *Le Lais Villon et les poèmes variés*, édités par J. Rychner et A. Henry, vol. I, Textes, Genève, Droz, 1977 (TLF 239).

> *Le Testament Villon*, édité par J. Rychner et A. Henry, vol. I, Texte, Genève, Droz, 1974 (TLF 207).

TEXTES ET AUTEURS DU XVIᵉ SIÈCLE

Aneau, Barthélemy, *L'Imagination poëtique*, Lyon, Macé Bonhomme, 1552.

Bouchet Jean, *Les Annales d'Aquitaine*, Poitiers, Monnin, 1524.

Champier, Symphorien, *La Nef des dames vertueuses*, Lyon, 1502, 1503 ; Paris, 1515, 1531.

Des Périers, Bonaventure, *Cymbalum Mundi*, texte établi et présenté par P. H. Nurse, Manchester, University Press ; Paris, D'Argences, 1957.

Dufour, Antoine, *Les Vies des femmes célèbres*, éd. G. Jeanneau, Genève, Droz, 1970 (TLF 168).

Fabri, Pierre, *Le Grant et Vray Art de pleine rhétorique*, éd. A. Héron, 2 vol., Rouen, Société des Bibliophiles normands, 1889-1890.

Lemaire de Belges, Jean, *Œuvres*, publiées par J. Stecher, tome I, *Les Illustrations de Gaule et Singularitez de Troye*, Louvain, J. Lefever, 1882 [Genève, Slatkine Reprints, 1969].

Montaigne, *Essais*, éd. A. Thibaudet, Paris, Editions de la Nouvelle Revue française, 1939 (Bibliothèque de la Pléiade).

Saint-Gelais, Octovien de — , *La Chasse d'Amours*, texte attribué à Octovien de Saint-Gelais, éd. M.B. Winn, Genève, Droz, 1984 (TLF 322).

Sébillet, Thomas, *Art poétique français*, dans *Traités de poétique et de rhétorique de la Renaissance*, éd. F. Goyet, Paris, Librairie générale française, 1990 (Le Livre de poche).

Tory, Geofroy, *Champ Fleury ou L'Art et Science de la proportion des lettres*. Reproduction phototypique de l'édition princeps de Paris, 1529, précédée d'un avant-propos et suivie de notes, index et glossaire par G. Cohen, Paris, Bosse, 1931. Réimpression Genève, Slatkine, 1973, avec une nouvelle préface et une bibliographie de K. Reichenberger et Th. Berchem.

2. ÉTUDES

Badel, P.-Y., *Le Roman de la Rose au XIVe siècle : Etude de la réception de l'œuvre*, Genève, Droz, 1980.

Baxandall, M., *Les Humanistes à la découverte de la composition en peinture (1340-1450)*, Paris, Seuil, 1989.

Beaune, C., *Naissance de la nation France*, Paris, Gallimard, 1985.

Cazelles, R., *Jean l'Aveugle, comte de Luxembourg, roi de Bohême*, Paris, Tardy, 1947.

Cerquiglini, J., « *Un engin si soutil* ». *Guillaume de Machaut et l'écriture au XIVe siècle*, Genève, Slatkine ; Paris, Champion, 1985 (Bibliothèque du XVe siècle, XLVII).

Correl, I., *Gottvater, Untersuchungen über seine bildichen Darstellungen bis zum Tridentinum*, Thèse dactylographiée, Heidelberg, 1958.

Curtius, E.R., *La Littérature européenne et le Moyen Age latin*, traduction de J. Bréjoux, Paris, Presses Universitaires de France, 1956.

Demats, P., *Fabula. Trois Etudes de mythographie antique et médiévale*, Genève, Droz, 1973 (Publications romanes et françaises, CXXII).

Didron, A.N., *Iconographie chrétienne. Histoire de Dieu*, Paris, Imprimerie royale, 1843.

Diez, F., *Über die Minnhöfe*, Berlin, 1825. Traduction française par F. de Roisin, *Essai sur les Cours d'Amour*, Paris, 1842.

Dumézil, G., *Apollon sonore et autres essais. Vingt-cinq esquisses de mythologie*, Paris, Gallimard, 1982.

Gilson, E., « Le Moyen Age comme *"Saeculum modernum"* », dans *Concetto, storia, miti e immagini del Medio Evo*, a cura di V. Branca, Venise, Sansoni, 1973, pp. 1-10.

Guenée, B., *Entre l'Eglise et l'Etat. Quatre vies de prélats français à la fin du Moyen Age*, Paris, Gallimard, 1987.

Huizinga, J., *L'Automne du Moyen Age*, traduit du hollandais par J. Bastin. Réimpression avec une préface de J. Le Goff, Paris, Payot, 1980.

Jung, M.-R., *Etudes sur le poème allégorique en France au Moyen Age*, Berne, Francke, 1971.

Kantorowicz, E.H., « La souveraineté de l'artiste. Note sur quelques maximes juridiques et les théories de l'art à la Renaissance », dans *Mourir pour la patrie*, Paris, Presses Universitaires de France, 1984, pp. 31-57.

Kris, E. et Kurz, O., *L'Image de l'artiste. Légende, mythe et magie*, préface de E.H. Gombrich, traduit de l'anglais par M. Hechter, Paris, éd. Rivages, 1987.

Krynen, J., *Idéal du prince et pouvoir royal en France à la fin du Moyen Age (1380-1440). Etude de la littérature politique du temps*, Paris, diffusion Picard, 1981.

Leclercq, Dom Jean, *L'Amour des lettres et le Désir de Dieu. Initiation aux auteurs monastiques du Moyen Age*, Paris, éd. du Cerf, 1957.

Lusignan, S., *Parler vulgairement. Les Intellectuels et la Langue française aux XIIIe et XIVe siècles*, Montréal, Presses de l'Université ; Paris, Vrin, 1986.

Mâle, E., *L'Art religieux de la fin du Moyen Age en France : étude sur l'iconographie du Moyen Age et sur ses sources d'inspiration*, Paris, A. Colin, 5e édition, 1949.

Michelet, J., *Journal*, tome II, éd. P. Viallaneix, Paris, Gallimard, 1962.
      Le Moyen Age (livres I à XVII de l'*Histoire de France*), Paris, Laffont, 1981 (Collection Bouquins).

Paris, G., « Les cours d'amour au Moyen Age », in *Journal des Savants*, 1888, pp. 664-675 et 727-736.

Piaget, A., *La Cour amoureuse, dite de Charles VI, Romania*, XX, 1891, pp. 417-454.
      « La *Belle Dame sans mercy* et ses imitations », I, *Romania*, XXX, 1901, pp. 22-48. II, *Le Parlement d'Amour* de Baudet Herenc, *Romania*, XXX, 1901, pp. 317-320. III, *La Dame loyale en amours*, *Romania*, XXX, 1901, pp. 321-351. IV, *La Cruelle Femme en Amour* d'Achille Caulier, *Romania*, XXXI, 1902, pp. 315-349. V, *Les Erreurs du Jugement de la Belle Dame sans mercy*, *Romania*, XXXIII, 1904, pp. 179-199. VI, *La Belle Dame qui eut merci*, *Romania*, XXXIII, 1904, pp. 200-206. VII, *Dialogue d'un Amoureux et de sa Dame*, *Romania*, XXXIII, 1904, pp. 206-208. VIII, *Le Jugement du Povre Triste Amant Banny*, *Romania*, XXXIV, 1905, pp. 375-411. IX, *Les Erreurs du Jugement de l'Amant Banny*, *Romania*, XXXIV, 1905, pp. 412-416. X, *L'Amant rendu cordelier à l'Observance d'Amours*,

Romania, XXXIV, 1905, pp. 416-418. XI, *L'Hôpital d'Amour*, par Achille Caulier, *Romania*, XXXIV, 1905, pp. 559-565. XII, *Le Traité de Réveille qui dort*, *Romania*, XXXIV, 1905, pp. 565-570. XIII, *Le Débat sans Conclusion*, *Romania*, XXXIV, 1905, pp. 570-574. XIV, *Le Desconseillé d'Amours*, *Romania*, XXXIV, 1905, pp. 575-577. XV, *Le Loyal Amant refusé*, *Romania*, XXXIV, 1905, pp. 577-579. XVI, *La Desserte du Desloyal*, *Romania*, XXXIV, 1905, pp. 579-581. XVII, *Le Sépulture d'Amour*, *Romania*, XXXIV, 1905, pp. 581-582. XVIII, *Le Martyr d'Amour* par Franci, *Romania*, XXXIV, 1905, pp. 583-585. XIX, *Le Débat de la Dame et de l'Ecuyer*, *Romania*, XXXIV, 1905, pp. 585-589. XX, Poèmes divers, *Romania*, XXXIV, 1905, pp. 589-591. XXI, Conclusion, *Romania*, XXXIV, 1905, pp. 591-602.

Roudaut Jean, *Autre part. Paysages d'accompagnement*, Paris, Gallimard, 1979.

Spitzer, L., « Résonances. A propos du mot *Stimmung* », dans *L'Humeur et son changement. Nouvelle Revue de Psychanalyse*, nº 32, automne 1985, pp. 239-255.

INDEX DES AUTEURS ET DES ŒUVRES ANONYMES

Le statut du nom au Moyen Age explique la complexité du classement des auteurs médiévaux. Jusqu'à la fin du XIVe siècle, ces derniers sont rangés à leur prénom, ce qui suit étant généralement une indication d'origine ou une caractéristique à valeur de surnom. Les choses changent à partir du XVe siècle et l'on considère généralement qu'on est alors en présence d'un prénom et d'un nom, d'où le classement moderne.

Adam de La Bassée, 16.
Adevineaux amoureux, 71.
Alexis (Guillaume), 61, 154.
Amadas et Ydoine, 131.
Amant rendu cordelier à l'Observance d'Amours (L'), 137.
André le Chapelain, 53, 56.
Aneau (Barthélemy), 125.
Anseau Choquart, 150.
Antitus, 138.
Aristote, 17, 38, 62, 74, 82.
Arnoul d'Orléans, 122.
Atre périlleux (L'), 131.
Augustin (saint), 23, 59.
Avionnet, 26, 59.
Badel (Pierre-Yves), 58, 61.
Barthélemi l'Anglais, 28, 29.
Barton (John), 22.
Baudet Herenc, 158.
Baudoin de Condé, 35, 60.
Baxandall (Michael), 17.
Benoît de Sainte-Maure, 109.
Bernard (saint), 59, 103.
Bernard de Chartres, 12.
Bernard de Ventadour, 94.
Boccace (Giovanni Boccaccio, dit), 51, 61, 115, 136, 137, 138, 153.
Boèce, 77, 153.

Bouchet (Jean), 158.
Boucicaut (Jean II le Meingre, dit), 55.
Brunet Latin, 107.
Bruni (Leonardo), 17.
Bugnin (Jacques de), 18.
Caulier (Achille), 134, 158.
Champier (Symphorien), 121.
Chanson de Roland (La), 22.
Charles d'Orléans, 12, 20, 21, 49, 72, 73, 93, 97, 101, 127, 132, 154, 155.
Chartier (Alain), 46, 56, 61, 72, 80, 103, 136, 156, 157, 158.
Chastelain (Georges), 61, 137, 138.
Chaucer (Geoffrey), 60, 146, 152.
Chrétien de Troyes, 57, 59, 67, 128, 130.
Christine de Pizan, 15, 16, 22, 30, 35, 36, 43, 45, 47, 51, 52, 54, 56, 60, 62, 67, 68, 69, 70, 76, 77, 78, 79, 81, 82, 86, 87, 88, 89, 94, 95, 97, 102, 105, 117, 118, 119, 120, 121, 123, 124, 133, 137, 142, 152, 153, 154, 157, 159.
Chroniques de Saint-Denis, 14.
Cicéron, 154
Col (Gontier), 52, 154, 157.
Col (Pierre), 52, 154.

Collart Haubert, 10.
Commynes (Philippe de), 38.
Courcy (Jean de), 92, 93.
Crétin (Guillaume), 130.
Curtius (Ernst Robert), 104.
Cysoing (anonyme de), 16, 22.
Dante Alighieri, 17, 22, 37, 70, 89, 136.
Denis Foulechat, 14, 15.
Des Périers (Bonaventure), 129.
Diez (Friedrich), 50.
Douze Dames de Rhétorique (Les), 126.
Dufour (Antoine), 119, 121.
Dumézil (Georges), 122.
Etienne de Conty, 22.
Eustache Deschamps, 10, 11, 15, 18, 19, 27, 28, 31, 36, 41, 42, 43, 46, 47, 55, 56, 58, 66, 72, 81, 82, 83, 84, 100, 101, 102, 112, 113, 121, 140, 141, 145, 146, 148, 149, 151, 152, 153, 159.
Fabri (Pierre), 158.
Femina, 13.
Filarete (Antonio di Petro Avalino, dit), 155.
Fillastre (Guillaume), 153.
Gautier de Coinci, 99.
Gerson (Jean), 154, 157.
Gervaise, 128.
Gilles Li Muisis, 9, 10, 24, 27, 40, 106, 146.
Gilson (Etienne), 155.
Giraut de Bornelh, 42.
Gossouin, 113.
Grandes Chroniques de France, 14.
Gréban (Arnoul), 26.
Gréban (Simon), 42.
Grégoire (saint), 59.
Guerre de Metz en 1324 (La), 80.
Gui d'Ussel, 57.
Guillaume IX d'Aquitaine, 49.
Guillaume de Digulleville, 61, 92, 117, 136.
Guillaume de Lorris, 58.
Guillaume de Machaut, 9, 19, 30, 31, 32, 41, 42, 43, 44, 47, 48, 62, 63, 64, 65, 66, 73, 77, 79, 85, 89, 91, 93, 95, 97, 98, 100, 112, 136, 146, 147, 148, 149, 151, 154.

Guillaume d'Occam, 86, 153.
Guillebert de Metz, 121.
Homère, 62.
Hugues de Saint-Victor, 126.
Huizinga (Johan), 11, 56.
Huon de Méry, 57, 59.
Isidore de Séville, 69, 114.
Jacques de Longuyon, 40.
Jacques de Voragine, 86.
Jean de Bueil, 71.
Jean de Condé, 34, 39, 60, 90.
Jean de Garencières, 49.
Jean de Gênes, 120.
Jean de Hesdin, 150.
Jean de Jandun, 153.
Jean de Le Mote, 9, 10, 39, 40, 150, 151.
Jean de Meun, 38, 51, 52, 61, 117, 123, 136, 154, 158.
Jean de Montreuil, 52, 154, 157.
Jean de Renti, 55.
Jean de Salisbury, 12, 14, 15.
Jean Bodel, 58, 95.
Jean Campion, 150.
Jean Corbechon, 28, 29.
Jean Courtecuisse, 17.
Jean Froissart, 10, 18, 31, 32, 33, 34, 40, 43, 45, 47, 48, 58, 63, 65, 66, 67, 98, 101, 146, 150, 160.
Jean Le Court, dit Brisebare, 25, 40.
Jean Le Fèvre, 96, 97, 106, 115, 116, 118, 129, 147.
Jean Le Sénéchal, 52.
Jean Muret, 154.
Jean Renart, 58.
Jérôme (saint), 59.
Jeu d'Adam (Le), 26, 27.
Jung (Marc-René), 17.
Kris (Ernst), 125.
Kurz (Otto), 125.
La Boétie (Etienne de), 154.
La Marche (Olivier de), 126.
La Sale (Antoine de), 19, 20, 56, 93.
La Tour Landry (Chevalier de), 36, 37, 147.
Laurent de Premierfait, 154.
Leclercq (Dom Jean), 11, 59.
Le Franc (Martin), 59, 121, 134, 136, 161.

Legrand (Jacques), 16, 112, 113, 114, 118, 121, 157.
Lemaire de Belges (Jean), 61, 130, 147.
Livre des Cent Balades (Le), 49.
Mâle (Emile), 139.
Manière de langage (La), 22.
Marguerite Porete, 159.
Marie de France, 12, 67.
Marsile de Padoue, 153.
Martial d'Auvergne, 50.
Matheolus, 77, 115.
Meschinot (Jean), 127, 130, 139.
Michault (Pierre), 121.
Michault Taillevent, 61, 72, 130, 137.
Michelet (Jules), 30, 155.
Millet (Jacques), 42.
Molinet (Jean), 147, 148.
Montaigne (Michel Eyquem de), 126, 154.
Nicolas de Clamanges, 154.
Nicolas Trevet, 153.
Nicole Oresme, 16, 17, 153.
Nostredame (Jean de), 50.
Oton de Grandson, 49.
Ovide, 41, 49, 71, 129, 136, 151.
Ovide moralisé, 71, 87, 108, 118, 148, 149.
Paris (Gaston), 50.
Pétrarque (François), 10, 33, 68, 69, 93, 100, 102, 136, 141, 150, 153, 154.
Philippe de Mézières, 23, 153.
Philippe de Vitry, 9, 150, 151, 153.
Platon, 38, 140.
Plaute, 81.
Piaget (Arthur), 158.
Pierre d'Ailly, 154.

Pierre de Beauvais, 75.
Pierre de Celles, 103.
Pierre de Hauteville, 50, 56, 137.
Pierre Bersuire, 153.
Pogge (Gian Francesco Poggio Bracciolini, dit le), 154.
Queste del Saint Graal (La), 128.
Raimbaut d'Orange, 42.
Raoul de Houdenc, 59.
Reclus de Molliens (Le), 9.
Regnier (Jean), 72.
Régnier (Mathurin), 62.
René d'Anjou, 49, 93, 132, 134, 136, 140.
Richard de Bury, 153, 160.
Richard de Fournival, 72, 75.
Rodríguez del Padrón (Juan), 121.
Roman de Troie en prose (Le), 128.
Roudaut (Jean), 143.
Saint-Gelais (Octovien de), 121.
Sébillet (Thomas), 158.
Simon de Hesdin, 23.
Songe du Vergier (Le), 15.
Spitzer (Leo), 156.
Thibaut de Champagne, 49.
Thomas d'Aquin (saint), 82.
Tory (Geofroy), 125.
Valère Maxime, 23.
Villani (Giovanni), 30.
Villon (François), 46, 100, 127, 139, 146, 147.
Virgile, 90.
Vital de Blois, 81.
Wartburg (Walther von), 105.
Watriquet de Couvin, 90, 91, 97.
Weber (Max), 156.

TABLE DES ILLUSTRATIONS

I. Claus Sluter
(vers 1340/1350-1405/1406)
Le Prophète Jérémie, après 1396
Détail du *Puits de Moïse*. Pierre
Dijon, ancienne chartreuse
de Champmol
Photo Jean Bernard,
Aix-en-Provence

II. III. Anonyme français
(xive siècle)
Armoire à livres
Enluminure pour *Le Roman de Troie*
de Benoît de Sainte-Maure
Paris, Bibliothèque nationale
Photo BN, Paris

IV. Anonyme français
(début du xve siècle)
Les Anglais mettent le feu
à la ville de Saint-Lô
Enluminure pour *Chroniques*
de Jean Froissart
Besançon, Bibliothèque municipale
Photo Erich Lessing/Magnum, Paris

V. Atelier parisien (xive siècle)
Nicole Oresme offre son livre
à Charles V
Félicité humaine

Enluminure pour *Ethiques*
d'Aristote
Chantilly, musée Condé
Photo Lauros-Giraudon, Paris

VI. Anonyme français
(début du xve siècle)
Jean Froissart présente
ses *Chroniques* à Edouard III,
roi d'Angleterre
Enluminure pour *Chroniques*
de Jean Froissart
Besançon, Bibliothèque municipale
Photo Erich Lessing/Magnum, Paris

VI. Anonyme français
(début du xve siècle)
Christine de Pizan à son pupitre
Enluminure pour *Le Livre
de la Mutacion de Fortune*
de Christine de Pizan
Chantilly, musée Condé
Photo Giraudon, Paris

VI. Atelier parisien (xive siècle)
Watriquet assiste à une exécution
Enluminure pour *Dits* de Watriquet
de Couvin, vers 1330
Paris, bibliothèque de l'Arsenal
Photo BN, Paris

185

VI. Anonyme français
(fin du XIVe siècle-début du XVe)
Enluminure pour *Le Livre
des Cent Ballades*
Chantilly, musée Condé
Photo Giraudon, Paris

VII. Atelier avignonnais
(fin du XIVe siècle)
Gaston Phœbus et ses veneurs
Enluminure pour *Le Livre
de la Chasse* de Gaston Phœbus,
fin du XIVe siècle
Paris, Bibliothèque nationale
Photo BN, Paris

VII. Anonyme français
(deuxième moitié du XIVe siècle)
Détails des marges
des *Heures de François de Guise*
Chantilly, musée Condé
Photo Giraudon, Paris

VII. Anonyme français (vers 1380)
Détail d'une marge
des *Très Belles Heures
de Notre Dame du duc de Berry*
Paris, musée du Louvre,
département des Arts graphiques
Photo RMN, Paris

VIII. Nicolas Bataille
(vers 1330-vers 1405) (attribué à)
*Arthur de Bretagne et trois
cardinaux*, vers 1385
Tenture de la tapisserie
des *Neuf Preux*. Laine
New York, The Metropolitan
Museum of Art,
The Cloisters Collection,
Munsey Fund, 1932, and Gift
of John D. Rockfeller Jr., 1947
Photo du musée

IX. Anonymes français
(XIVe siècle)
Scènes courtoises
Valves de boîtes à miroir. Ivoire

Paris, musée de Cluny
Photos RMN, Paris

X. Anonyme français (XIVe siècle)
L'Annonciation
Détail d'un panneau de stalle
Bois
Saulieu, basilique Saint-Andoche
Photo Lauros-Giraudon, Paris

XI. Pol de Limbourg
(?-après 1416)
La Visitation
Enluminure pour *Les Très
Riches Heures du duc de Berry*
Chantilly, musée Condé
Photo Giraudon, Paris

XII. Maître du Remède de Fortune
(actif à Paris vers 1350-1360)
Le Verger mystérieux
Enluminure pour *Le Dit du Lion*
de Guillaume de Machaut,
vers 1350-1356
Paris, Bibliothèque nationale
Photo BN, Paris

XIII. Maître du Remède de Fortune
(actif à Paris vers 1350-1360)
Guillaume de Machaut
La Roue de la Fortune
Enluminure pour *Le Remède de
Fortune*, de Guillaume de Machaut,
vers 1350-1356
Paris, Bibliothèque nationale
Photo BN, Paris

XIV. Maître de l'Épître d'Othéa
(actif à Paris vers 1400-1410)
Vénus
Enluminure pour *L'Epistre Othea
a Hector*, de Christine de Pizan,
vers 1404-1408
Paris, Bibliothèque nationale
Photo BN, Paris

XIV. Maître de l'Épître d'Othéa
(actif à Paris vers 1400-1410)

Saturne
Enluminure pour *L'Epistre Othea
a Hector* de Christine de Pizan,
vers 1404-1408
Paris, Bibliothèque nationale
Photo BN, Paris

XV. Maître au safran
L'Aurore amène le soleil
Enluminure pour *L'Epistre Othea*

a Hector de Christine de Pizan,
vers 1404-1408
Paris, Bibliothèque nationale
Photo BN, Paris

XVI. Anonyme français
Dessin pour *Le Pèlerinage
de vie humaine*
de Guillaume de Digulleville
Paris, Bibliothèque de l'Arsenal
Photo BN, Paris

TABLE DES MATIÈRES

Cahier d'illustrations. . . . . I à XVI

LU DANS LES YEUX D'UN MOINE 9

EN PERDRE SON LATIN 13

    Roi sans lettres, âne couronné 14
    Traduire comme on effeuille 16
    Celui-là ne sait rien qui ne va hors 18

LA CHEVAUCHÉE GÉNÉALOGIQUE 25

    Les noms de Dieu 26
    Pères et fils. De roi en roi avec les chevaliers 28
    Ecrivain ou copiste, clerc ou ménestrel ? Naissance d'un art 38
    Lire pour un reste de vin 47
    La Cour d'Amour 49

LA TRISTESSE DU « DÉJÀ DIT » 57

    Le chaos des origines et ses forêts 69
    Le chemin de longue étude 73
    Vierge ou poète : le modèle de l'incarnation 80
    Ce qui s'articule dans la gorge des textes 84

LA MATIÈRE DES POÈTES 89

    Du duel à la triade : Armes et Amours et... compilations   89
    Quoi de nouveau sous le soleil clair? 95
    De la Vierge sacrée un son nouvel 99
    Une pensée de la ville 100
    Cil (celui) qui premier trouva 103
    La mémoire, ce livre qu'on feuillette 126
    Entre les tombes, entre les pages 130

LES COMPAGNONS, CEUX DU VERS, DU VIN DE L'ESPRIT .. 145

LES VIEUX ENFANTS EXTÉNUÉS D'UN SIÈCLE 155

D'UN SIÈCLE L'AUTRE. Chronologie historique et littéraire
du XIVᵉ siècle 163

DES AMIS PAR MILLIERS. Bibliographie 169

Index 181

Table des illustrations 185

DU MÊME AUTEUR

Cent Ballades d'amant et de dame, Christine de Pizan, Paris, U.G.E. 10/18, 1982.

« *Un engin si soutil* ». *Guillaume de Machaut et l'écriture au* XIVe *siècle,* Paris, Champion, 1985.

Lob der Frauen, Guillaume de Machaut, Reclam, 1987.

« Le Miroir et la Lettre. Ecrire au Moyen Age », *Littérature* n° 74, mai 1989.

Le Dit de la Fonteinne amoureuse, Guillaume de Machaut, édition, traduction et présentation. Paris, Stock/Moyen Age, 1993.

DANS LA MÊME COLLECTION

Petit guide pédestre de la littérature française au XVIIe siècle (1600-1660), par Michèle et Michel Chaillou.

Le joli temps — Philosophes et artistes sous la Régence et Louis XV (1715-1774), par Jean-Noël Vuarnet.

Les villes imaginaires dans la littérature française — Les douze portes, par Jean Roudaut.

Ces imbéciles croyants de liberté (1815-1852), par Michel Orcel et François Boddaert.

Le second XVIe siècle — Plumes et rafales (1550-1600), par Pierre Lartigue.

Les baromètres de l'âme — Naissance du journal intime, par Pierre Pachet.

Un grand désert d'hommes — Les équivoques de la modernité (1851-1885), par Claude Mouchard.

La mer hors d'elle-même — L'émotion de l'eau dans la littérature, par Jacques Darras.

Des mots et des mondes — Dictionnaires, encyclopédies, grammaires, nomenclatures, par Henri Meschonnic.

Lettres créoles — Tracées antillaises et continentales de la littérature (1635-1975), par Patrick Chamoiseau et Raphaël Confiant.

Impressions de France — Incursions dans la littérature du premier XVIe siècle (1500-1550), par Jacques Roubaud.

Les infortunes de la raison (1774-1815), par Bernard Pingaud et Robert Mantéro.

Petites portes d'éternité — La mort, la gloire et les littérateurs, par François Boddaert.

La couleur de la mélancolie — La fréquentation des livres au XIVe siècle, par Jacqueline Cerquiglini-Toulet.

A paraître

L'Ouest surnaturel — Les écrivains du bout des terres, vers les îles, par Paul Louis Rossi.

Le rameau subtil — Prosatrices françaises entre 1360 et 1953, par Natacha Michel et Martine de Rougemont.

Imprimé en France par Pollina, 85400 Luçon - n° 15947